▶ 大伏藏師秋吉林巴伏藏《歌頌吉祥旋律之音》木刻版，現存於敏珠林寺。伏藏中預言第十六世法王將橫越海洋，將三乘教法廣宣於世。
（油畫 / 噶瑪善在）

▶ 法王十六歲時在康區山上留下的佛足，現供奉於卡當寺。
（油畫 / 噶瑪善在）

▶ 第十六世法王父母
（照片 / 灣區師姊提供）

▶ 第十六世大寶法王與四位法子合影於舊隆德寺門前。中央坐者為法王噶瑪巴；從左而右分別為：第三世蔣貢康楚仁波切、大司徒仁波切、嘉察仁波切、夏瑪仁波切。
（照片 / 嘉察仁波切辦公室提供）

▲ 第十六世大寶法王與四位法子合影於新隆德寺
內。中央坐者為法王噶瑪巴；從左而右分別為：
嘉察仁波切、夏瑪仁波切、大司徒仁波切、第
三世蔣貢康楚仁波切。
（照片／嘉察仁波切辦公室提供）

▲ 法王在隆德寺領眾修法。
（油畫／噶瑪善在）

▲ 法王三轉法輪於世，隨身之外交使節
公事包。（油畫／噶瑪善在）

▲ 十六世法王與嘉察仁波切。
（照片／嘉察仁波切辦公室提供）

▲ 法王在印地安保護區與酋長合影。
（油畫／噶瑪善在）

▲ 十六世法王（坐者）受邀前去尼泊爾為烏金祖古仁波切（右三）的納吉寺院及學佛院開光。
（照片／嘉察仁波切辦公室提供）

▲ 法王在隆德寺主持法會。
（油畫／噶瑪善在）

▲ 法王在隆德寺送行印度官員。
（油畫／噶瑪善在）

◀ 第十六世大寶法王親書（紅色字體）贈予功德主之備忘錄，當時在場者皆簽名見證隨喜並祝福，功德主包括已故沈家楨居士及居和如夫婦。

譯文如下：

大寶法王噶瑪巴蒞臨
西元 1974 年 9 月 18-21 日

沈家楨居士虔敬向佛，
曾捐建設立佛教專業圖書館等，承辦諸多善行，
且發心護持我未來在美國的佛行事業，
謹希願他海般深廣的發心皆得所願，
祝願其家族吉祥圓滿，
今生來世善利齊聚，
祈願如是成就。

——藏曆 8 月 6 日
持第十六世噶瑪巴名號者書

（圖檔／美國佛教會圖書館檔案室提供。倫多祖古藏譯中。）

▲ 法王蒞臨紐約大覺寺，右後為已故沈家楨居士。
（照片／美國佛教會圖書館檔案室提供）

▲ 法王在紐約大覺寺給予灌頂加持。
（照片／美國佛教會圖書館檔案室提供）

▲ 法王在紐約親自為皈依三寶者剪髮。（照片/美國佛教會圖書館檔案室提供）

◀ 法王在尼泊爾弘法，左為尼泊爾國王賈來德拉。
（攝自網路 https://youtu.be/2C_9p-jpsEs）

▲ 法王在佛蒙特電視台弘法。
（攝自網路 https://youtu.be/u0o4Y4e2CEc）

▲ 法王舉行四臂觀音灌頂法會。
（油畫/噶瑪善在）

◀ 法王在「紅人的土地」印第安保
留區舉行四臂觀音灌頂。
（攝自網路 https://youtu.be/C8TuX6e50r8）

◀ 法王在法國噶舉中心舉行法會，
左為第三世蔣貢康楚仁波切。
（照片/蔣貢康楚仁波切辦公室提供）

◀ 法王在紐約 KTD 為新建寺院土
地舉行灑淨、加持等儀式；中
第三世蔣貢康楚仁波切，右一
為堪布卡塔仁波切。
（照片/KTD 提供）

◀ 1980 年，法王莅臨黃鳳翎佛教
中學，常住法師帶領學生列隊
歡迎。
（攝自網路 https://youtube/2C_9p-jpsEs）

◀ 1980 年，法王在新罕布夏州的黑寶冠加持典禮，並作簡短開示，左一為 KTD 住持堪布卡塔仁波切。

（攝自網路 https://youtu.be/WXqtFvN fmU）

◀ 1980 年 11 月 29 日，十六世法王在香港東蓮覺苑舉行黑寶冠加持典禮。

（攝自網路 https://youtu.be/2C_9p-jpsEs）

◀ 1981 年藏曆 4 月，法王在隆德寺為僧俗二眾舉行長壽佛法會，第三世蔣貢仁波切在旁協助賜予大眾灌頂。

（照片／蔣貢康楚仁波切辦公室提供）

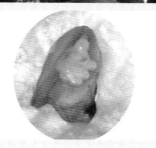

◀ 第十六世法王的腿骨舍利，若干年後所長出殊勝猶如象牙雕刻的釋迦牟尼佛佛像。

（照片／Layjang Bulletin 提供）

▲ 1992 年法王子大司徒仁波切（右）及嘉察仁波
切（左）在西藏為第十七世大寶法王舉行座床。
（照片 / 嘉察仁波切辦公室提供）

▲ 第十七世大寶法王鄔金欽
列多傑 1992 年 9 月 29 日
於西藏祖庭楚布寺為四眾
舉行此世第一個法會：站
立紅觀音灌頂法會。

（照片 /Layjang Bulletin 提供）

▲ 第十七世大寶法王於 1996 年 9 月
為第四世蔣貢康楚仁波切舉行剪髮
儀式後抱著仁波切。

（攝自網路 https://theyesfactor.wordpress.com/）

▲ 第十七世大寶法王與三位法王子合影
於印度上密院；從左而右：第四世
蔣貢康楚仁波切、尊貴法王噶瑪巴、
大司徒仁波切、嘉察仁波切。

（照片 / 朱錦華師兄提供）

The Karmapa

〈法王序〉

　　今年（2016 年）是第十六世法王噶瑪巴九十二週年冥誕，弟子們都非常懷念他的慈悲行誼和實修典範。噶舉大祈願法會也將於 2 月在聖地「金剛座」菩提迦耶舉行第十六世大寶法王噶瑪巴紀念活動，憶念 20 世紀將藏傳佛法播種到西方的大師之一，威德顯赫，具有王者風範，統領大眾「見即解脫」的聖者：第十六世大寶法王噶瑪巴讓炯日佩多傑。

　　我很隨喜由傳承弟子報恩居士整理編撰的這本《見即解脫──第十六世大寶法王噶瑪巴的傳記與教言》，此書中不僅記述了許多法王殊勝的行誼，更有不少第一次面世的第十六法王噶瑪巴教言，彌足珍貴。祈願所有讀者，都能因為閱讀此書而種下解脫的善種子。

第十七世法王噶瑪巴鄔金欽列多傑
書於上密院，2015 年 12 月 3 日

THE TWELFTH TAI SITUPA

Honorable Publisher and Dear Readers,

The publisher of His Holiness The16ᵗʰ Gyalwang Karmapa Rangjung Rigpe Dorje's biography wishes to release a book on the commemoration day, organized by His Holiness The 17ᵗʰ Gyalwang Karmapa Ogyen Trinley Dorje. They asked me to write down whatever unforgettable memories I have between His Holiness The 16ᵗʰ Gyalwang Karmapa and myself.

When starting to explore this subject, the most important and unforgettable issue is that we all need to know when these great masters of the lineage became important to each other over 2500 years in the past and how the lineage of these masters started to contribute to the Buddha Dharma in general, and in particular to the lineage up to today. Knowing those facts it will then be appropriate.

Based on this I wish to lay down few points in brief, the remarkable connection between the lineages of H.H.The Gyalwang Karmapa and my own, but not in detail.

1. The unforgettable historical connection between the Karmapa and Tai Situ lineage is more than 900 years old. The 1ˢᵗ Karmapa Dusum Khyenpa was the founder of the Karma Kagyu lineage of Vajrayana Buddhism. At the same time the 1ˢᵗSitu Drogon Rechen Sonam Drakpa, being the 3ʳᵈ incarnation of Marpa The Great, the founder of the Marpa Kagyu lineage, become the main disciple of the 1ˢᵗ Karmapa Dusum Khyenpa. Situ Drogon Rechen Sonam Drakpa was entrusted with the entire lineage and the Monastic Seat of Karma Gon by The 1ˢᵗ Karmapa Dusum Khyenpa who foretold that Drogon Rechen would carry on with his Buddha activities and be inseparable from him throughout their succession of births. This is one of the unforgettable sacred events.

2. My predecessor His Holiness The 11ᵗʰChamgon Kenting Tai Situ Pema Wangchug Gyalpo was responsible for the recognition, enthronement and the transmission of the entire lineage of Vinaya, Bodhisattvayana and Tantrayana; the Three Vows to His Holiness The 16ᵗʰ Gyalwang Karmapa so this is an unforgettable sacred continuum between these two great enlightened masters.

THE TWELFTH TAI SITUPA

3. *I was recognized and enthroned as the 12th Kenting Tai Situ Pema Dhonyo Drupa by His Holiness The 16th Gyalwang Karmapa Rangjung Rigpe Dorje and received the entire lineage of the Three Vows (Domsum) solely by His Holiness The 16th Gyalwang Karmapa Rangjung Rigpe Dorje. For me, he is a Buddha and this is sacred and unforgettable for me.*

4. *His Holiness The 16th Gyalwang Karmapa entrusted me with his most important prediction letter regarding his next birth. With my full devotion I made sure I would not disappoint his trust in me. So I did everything to fulfill his faith in me without considering all that I underwent which ordinarily can be described as unbelievable hardships. But I consider them the blessing of my Guru Vajradhara and Buddha. This is one of the examples of the unforgettable sacred continuum between me and my Guru Vajradhara His Holiness The 16th Gyalwang Karmapa Rangjung Rigpe Dorje.*

H.H. The 16th Gyalwang Karmapa had so many outstanding qualities but I believe they might be contributed by many other disciples and devotees of Holiness whom the publisher requested to write them down.

With sincere homage to my Guru Vajradhara His Holiness The 16th Gyalwang Karmapa Buddha Rangjung Rigpe Dorje.

Yours in the Holy Dharma

The 12th Kenting Tai Situpa
Supreme Head of Palpung Monastic Institutions of Buddhism

〈大司徒仁波切序〉

神聖連結：黑寶冠與紅寶冠

尊貴的出版者及親愛的讀者們：

出版公司想要在第十六世法王嘉華噶瑪巴讓炯日佩多傑的紀念法會時，出版他的傳記；此紀念法會由第十七世大寶法王鄔金欽列多傑所統籌。出版商要求我寫些我自身與第十六世法王噶瑪巴之間難忘的回憶。

在開始探索這樣的主題時，最重要且不能忘卻的是，我們都應該知道這些偉大上師在過去 2500 年，他們在何時變得對彼此是這般的重要。就通常而言，這些上師們如何在一開始對佛法做出貢獻；特別來說，是對傳承付出一切直至今日。我們對這些實情應該有所瞭解。

基於此，我想要寫下一些簡略的要點，有關大寶法王嘉華噶瑪巴跟我自己的傳承之間精彩的連結。

1. 令人難忘的觀點已有 900 多年的歷史了，第一世噶瑪巴杜松虔巴（Dusum Khyenpo, 1110–1193）是金剛乘噶瑪噶舉傳承的創教者。在此同時，第一世大司徒仁波切的前世，卓貢仁千索南札巴（Drogon Rechen Sonam Drakpa, 1148–1218）是瑪爾巴噶舉傳承創始人瑪爾巴尊者第三世的轉世。卓貢仁千在第一世大寶法王杜松虔巴座下學法若干年後，成為主要弟子之一，之後被委任以持守整個傳承及法王杜松虔巴的法座噶瑪寺（Karma Gon）。法王曾經預言將來卓貢仁千將繼續他的佛行事業，並在未來的轉世中師徒永不分離。這是令人難忘殊勝的事件之一。

2. 我的前一世，也就是第十一世廣定大司徒仁波切貝瑪旺秋嘉波

（Kenting Tai Situ Pema Wangchuk Gyalpo），負責為第十六世大寶法王進行認證、座床，並口傳別解脫戒、菩薩戒及密乘戒；為第十六世嘉華噶瑪巴傳授三戒律，是如此的難忘，這是兩位偉大上師之間殊勝的連續。

3. 我被第十六世大寶法王嘉華噶瑪巴讓炯日佩多傑認證且坐床為：第十二世廣定大司徒貝瑪東由都帕（Kenting Tai Situ Pema Dhonyo Drupa），並僅從第十六世大寶法王嘉華噶瑪巴讓炯日佩多傑領受了主要三戒律的傳授。對我而言，法王就是一尊佛，此事是神聖且令我難忘。

4. 第十六世大寶法王嘉華噶瑪巴將他最重要的、有關他下一個轉世的預言信函託付給我。依於我最誠摯的虔誠心，我確定自己不會讓法王的信任失望。我做了所有我能做的一切，以圓成我對法王的忠心虔誠，完全沒有考慮整個過程必須面對多少筆墨難以形容、超乎想像的艱巨困難。但我認為所有的考驗都是我的金剛根本上師及佛陀給予我的加持，這是我自己與我的金剛根本上師：第十六世大寶法王嘉華噶瑪巴讓炯日佩多傑之間，令人難忘的殊勝連結例子之一。

第十六世法王還有非常多卓越的品質，我相信出版商也會請求其他的弟子及法王虔誠的追隨者將這些寫下來。

我以誠摯的心，對我的金剛根本上師：
第十六世大寶法王嘉華噶瑪巴佛陀讓炯日佩多傑
致上敬意
您神聖法道上的

第十二世廣定大司徒巴
佛教八蚌寺院系統首席法主
（英譯中 / 報恩）

His Eminence Jamgon Kongtrul Rinpoche

PREFACE

by His Eminence Jamgon Kongtrul Rinpoche

Like an ocean, the life and activity of the noble, supreme master, the Sixteenth Gyalwang Karmapa, is too vast to express fully. However, every single drop of the Glorious One's activity that is reflected in the life story of Karmapa Rangjung Rigpe Dorje will be immense in its impact on readers and listeners. It will cause to sow the seeds of liberation in their minds.

Like the ever-flowing wish-fulfilling stream that nourishes all beings, the accounts by disciples and devotees of their special experiences of the Sixteenth Karmapa will serve to awaken genuine devotion to the Guru and lead to accomplishment of ultimate fruition. Sharing of such experiences is a gesture of great generosity to successive generations of disciples of the genuine Path.

I rejoice in the publication of "The Hidden Significance of a Bamboo Flower---an Ornament for the People, The Biography of H.H. the 16th Karmapa". I pray that it will be of infinite benefit to all beings.

4ᵗʰ Jamgon Kongtrul Lodro Chokyi Nyima
Palpung Sherabling, Himachal Pradesh, India
September 25, 2015

凡見聞者，皆種解脫種子

　　就如遼闊的海洋一般，極致尊貴的上師：第十六世大寶法王嘉華噶瑪巴，他的生命、他的佛行事業是如此的崇高，浩瀚無邊到難以全面的表達出來。然而，他的每個佛行事業都如榮耀的水滴，每一滴都輝映在噶瑪巴讓炯日佩多傑的這本傳記裡，每一滴都將對讀者與聽聞者產生巨大的影響。此書的內容將在他們的心續中播下解脫的種子。

　　就像泉湧不斷的滿願水流，足以滋潤所有的眾生，他的弟子及虔誠的人們，談及自身與法王之間特殊的經驗，足以喚醒我們內心深處對上師真正的虔敬，將帶領我們達到究竟的佛果。分享這樣的經驗如同慷慨的布施，這樣的利益會延續到未來走在真實法道上世世代代的弟子。

　　我隨喜第十六世法王傳記《見即解脫——第十六世大寶法王噶瑪巴的傳記與教言》這本書的出版，祈願它帶給所有眾生浩瀚無邊的利益。

第四世蔣貢康楚洛卓確吉尼瑪
寫於八蚌智慧林，印度喜瑪偕爾邦
9 月 25 日，2015
（英譯中／報恩）

Dharma Chakra Centre
Seat of H. H. The Gyalwa Karmapa
P.O. Rumtek - 737 135
East Sikkim, India

Densa Palchen Chosling
Seat of H. E. The Goshri Gyaltsabpa
P.O. Ralang - 737 139
South Sikkim, India

The XIIth Goshri Gyaltsabpa

ཨོཾ་སྭ་སྟི། ཉི་ཟླའི་འོད་སྣང་ཕྲེ་བ་ཕྱག་བརྒྱའི་མཛེས་པ་ཡིས། །ཀུན་ནས་འཁྲུད་པ་མ་ལྟའི་རེ་དྭངས་སྟོན་པའི་ཚལ། །བཟླའི་འདབ་མ་མེ་ཏོག་ལྕུན་སྤྲུག་རྣམས་ཀྱི། །རྒྱན་ལྡན་མཚོག་གསུམ་རིན་ཆེན་འབྱུང་གནས་མཚོག་འདི་ན། །བཅོམ་ལྡན་མི་འཁྲུགས་པ་བསྐལ་བཟང་རྣམས་འཛིན་སྟོང་ལ་སོགས། །དུས་གསུམ་འཛིན་པ་རྣམས་ཀྱི་ཕྲུལས་རྗེའི་གཏེར་ཆེན་གང་། །ཧྲག་པའི་མཚོག་དང་ཀུན་ཏུ་སྤྱང་བའི་སྙིན་ལས་བཅས། །ཡེ་ཤེས་སྙིན་སྤྲུ་ཕྲི་ཙུ་རྣམས་འོད་སྟེང་རང་འབར་བའི། །ཚོད་པན་འཛིན་པ་དེ་བཞིན་གཤེགས་དངོས་རོལ་པ་ཡི། །ཌོ་མཚར་མཚོག་གིས་འགྲོ་བ་འཛིན་པའི་ཚུལ་སྤྲུང་བ། །དེ་ཕྱར་སྟོན་ལས་མཚན་དཔེའི་དཔལ་ལ་བཅུ་དྲུག་པའི། །མཛད་པ་བྱེ་བ་སྟེད་ལས་ཆ་ཡི་ཚ་ཚམ་འདི་བཏོང་བ། །བསིལ་ལྡན་རྒྱ་ནག་འཕགས་ཡུལ་མོན་དང་བལ་པོའི་ཡུལ། །གྲགས་ལྡན་སྤྲིང་གནེན་དག་ཏུ་ཟབ་རྒྱས་ཚོས་ཆེན་དང་། །སྟོན་གནས་འཆི་འཕོ་མ་ཐྱེན་དང་དུ་འཕུལ་བཀོད་པ་ཡིས། །མ་རུང་བློ་ལྡན་ཉོན་མོངས་འབར་བ་གཞིལ་མཛད་ཅིང་། །སྐལ་ལྡན་གདུལ་བྱའི་རིགས་ཁམས་ཚོགས་གཉིས་རྒྱས་པ་དང་། །ཡན་དག་བར་དང་རབ་དགའི་ས་ལ་བཀོད་པ་སོགས། །སྙིན་གྲོལ་སྟིད་དང་ཞི་བ་དེ་སྟིད་མི་ཟད་པ། །འབྱུང་འགྱུར་མཚོག་གསུམ་རིན་ཆེན་ཀུན་གྱི་གཏེར་དུ་གྱུར། །འདི་སྣང་ཤེས་བྱའི་ཁྱོན་ན་རྣད་སྦྱང་ཁྱོད་ཁོ་འབའི། །རྣམ་ཐར་རྒྱ་མཚོའི་འཇིངས་ལས་མོས་བློས་ཟེགས་མ་ཙམ། །ཀོ་ཚང་བསྐུལ་བའི་བཅས་སུ་སྤྲོགས་ཀུན་སྤྱལ་བྱས་ཏེ། །ས་གསུམ་འགྲོ་བའི་བློ་གྲོས་མཛེས་པའི་རྒྱན་བྱེད་གང་། །དལ་འབྱོར་ཡུས་དང་དག་ཡིད་རྣམ་པ་ཀུན་དགེ་བའི། །སྙེས་བུའི་ཚོགས་ཀྱི་ཡང་དག་དགེ་བའི་དྲེས་འདི་ནི། །བསྐབས་པ་ལ་ལས་བྱུང་ཚོགས་གཉིས་ཉིན་མོར་བྱེད་པ་ཡིས། །ཕུལ་བའི་བསྐུན་ན་རྣམ་མཁའི་ཁྱིན་ཡངས་ཁམས་ལ་གྱུར་ཅིག །།ཅེས་རྣམ་དཀར་དགེ་བའི་མཚོད་སྤྱོད་བྱེད་པ་པོ་གོང་ཏེད་དའི་སྐུན་ཁད་ཀི་ཚོགས་གཙོ་ཨ་ཏེ་སྟེ་ཙུ་རོང་ལགས་ཀྱི་གཙོས་ཚོགས་མི་རྣམས་ཀྱི་བསྐུལ་བའི་དོར་ལྡ་རྒྱལ་ཚབ་གྲགས་པ་མི་འགྱུར་གོ་ཆས་སྤྱི་ལོ 2015 ཟླ 11 ཚེས 23 ཉིན་བྲིས་པ་མངྒ་མངྒ་ལཾ།།

行誼深似海，法遍虛空界

嗡梭諦

俱胝日月顯耀之光芒，遍繞黃金山巒蔥鬱林，
見即喜悅蓮瓣為嚴飾，三勝珍寶生源之尊者，
不動如來賢劫千佛眾，三世導師鉅藏溢大悲，
恆俱最勝普照佛事業，本智祥雲加持光鬘炎，
持冠如來真身所化現，以殊勝行示現利眾相，
歷任相好具德十六世，俱胝利生事業略言之：
清涼漢地印門尼泊爾，俱名他洲甚深廣博法，
昔知逝牟神通變化嚴，調伏煩惱深重粗劣心，
增長有緣種姓二資糧，清淨解脫最喜地嚴等，
直至熟解輪涅無完盡，即成三勝珍寶之寶藏，
所知界中唯一殊勝者，深海行誼虔述僅微塵，
岡倉教宴廣弘一切處，嚴飾三界有情智慧者，
暇滿身與口意皆為善，士夫眾行妙善此主體，
實修所成白晝二資糧，釋迦教法顯明虛空界。

此篇序言，在廣行善妙供養之眾生出版社負責人阿尼妙融為主之眾人請求下，嘉察札巴明就果洽，書於 2015 年 11 月 13 日。一切善妙。

（藏譯中／堪布羅卓丹傑）

Karmapa Book
by Mingyur Rinpoche

I grew up with great reverence for the 16th Karmapa because my father, Tulku Urgyen Rinpoche, was so devoted to him. I also used to hear stories from my older brother Chokyi Nyima Rinpoche, who was the Karmapa's attendant for many years. One time when I was a little boy I was in my father's small room at Nagi Gompa. To the right of my father's meditation bed was a photograph of the Karmapa, high up on the wall. One day his room was being cleaned and one of the nuns took down the photograph to wipe the glass and the wooden frame. My father told us, "On the back of the photograph is a hand-written letter that the Karmapa wrote to me."

Of course we wanted to see the letter, so my father allowed us to pry open the frame. It was not easy, because there were small nails holding the frame in place and we had to work carefully with a hammer.

When we finally took the photo out, my father asked us to bring it to him. The ink had faded but was still visible, and it was written in the style of poetry. My father touched the letter to his head in a sign of great reverence and stayed very quiet, almost in tears. Then he began to speak about the Karmapa, and about his extraordinary kindness toward each and every person. My father said that the Karmapa made everyone feel that they were the most special and beloved person in the world. It made no difference if they were a rinpoche, a beggar, a wealthy supporter, a learned scholar, an illiterate laborer or a government official. He treated each the same and was fully present with everyone. There were no exceptions. Sometimes he wrapped gifts for poor people.

Once a renowned and learned khenpo challenged the Karmapa to debate a particular aspect of Buddhist philosophy. This scholar recognized the Karmapa's unsurpassable wisdom, but he thought that his own understanding of Buddhist philosophy was superior, and he wanted to prove this. The Karmapa agreed and many words were exchanged in the traditional Tibetan style of debate. The Khenpo became increasingly assertive as the words went back and forth. But then the Karmapa suggested that they had said enough words. "Let's forget all these words and concepts," said the Karmapa, "and let's discuss real experience." The Karmapa went first. But when he finished, the khenpo could not say anything. First he lost his words. Then he lost his pride.

Another great scholar, one of His Holiness the Dalai Lama's teachers, went to visit the Karmapa, and my brother told me about their meeting. In their discussion, the Karmapa described what we call the fourth level of Mahamudra, the state of non-meditation. This is a state of awareness that is so continuous that no separation exists between meditating and not meditating. But the Karmapa explained that just before he fell asleep, for a few seconds, he lost this awareness. The continuity of his meditative state ceased and this was like being unconscious. He did not have thoughts, but he lost his awareness. Once he fell asleep, he said, his awareness returned.

Even though the Karmapa had described a lapse of the meditative state, the scholar, who was also a great meditator, began bowing to him. He told him, "I have been meditating my whole life and I have not had this degree

of continuous awareness. But I have read about it in the texts." The scholar then explained to the Karmapa that the texts talk about the border between day and night. Sometimes this is called the border between light and dark, and that once this border is completely dissolved, the realization of buddhahood is complete. The Karmapa was still young at that time, but very few people ever attain this stage.

The Karmapa was especially kind to people who were sick or dying. He often visited them and did anything he could for their care. Even when he was in the hospital dying, he was caring for others. He died in the United States, in a hospital in Chicago, and the doctors and the nurses were astonished by his concern for them and for their welfare. The medical staff explained that they were there to take care of him, but the Karmapa was there to take care of them. He was always like that.

The Karmapa is still taking care of us. His compassion is limitless. It was never born and can never die. My hope is that this book can introduce people to the living compassion and wisdom of the Karmapa so that they too can benefit from the blessings of his loving heart.

全心全意跟每個人在一起

　　由於我的父親烏金祖古仁波切對法王噶瑪巴是如此的虔誠，因此在我的成長過程中對十六世噶瑪巴有著無比的崇敬。我也曾經從擔任噶瑪巴侍者多年的兄長——秋吉寧瑪仁波切那兒聽到一些故事。當我還年幼時，在我父親納吉寺院的小房間裏，他的禪修床右邊的牆上掛著一幅十六世噶瑪巴的法照。有一天，在打掃這個房間時，有位尼師將這幅法照取下來清理玻璃鏡面及木頭相框，我的父親告訴我們：「法照的背面是一封噶瑪巴親筆寫給我的信。」

　　當然，我們都很想要看這封信，因此我的父親允許我們將相框敲開。這並不是件容易的事，因為裡面有一些固定框架的小釘子，因此我們在使用釘鎚時格外的小心。

　　當我們終於把法照取出來，我父親要我們把照片拿給他。這封信是以詩歌的形式所寫成，雖然墨水已經褪色了，但字跡仍清晰可見。我父親十分虔敬的將信放在頭上頂禮，他的神情肅穆，幾乎熱淚盈眶。然後他開始提及有關噶瑪巴以及他如何用超凡的慈悲對待著每個人。我父親說道，噶瑪巴總是讓每個人覺得他們是這個世界上最特別、最受愛護的人。無論他們是仁波切、乞丐、富有的功德主、有學問的學者、不識字的勞工或政府官員，都毫無差別。他對所有的人都一樣，他全心全意的跟每個人在一起，完全沒有例外。有時他會送禮物給窮苦的人。

　　曾經有個名聲顯赫且滿腹經綸的堪布，[1]就佛教哲學中特別的論述觀點向噶瑪巴下辯經的戰帖。這位學者了知噶瑪巴的智慧出眾無可超越，然而他自認對佛教哲理的了解比噶瑪巴更勝一籌，為了證明這點，他向噶瑪巴提出挑戰。噶瑪巴同意，並以傳統藏式辯經形式進行答辯。就在字句的你來我往之間，堪布愈發自信了。但隨後噶瑪巴建議說他們已經講得夠多了，「讓我們忘了所有的言詞與概念」法王說道，「讓我們來討論真實的體驗。」噶瑪巴先開始。但當法王說完之後，堪布無言以對。首先，他說不出話來；接著，堪布放下他的驕慢。

　　還有另外一位偉大的學者，他是嘉瓦仁波切尊者的老師之一，他前來探訪噶瑪巴，有關他們的會晤是我的兄長告訴我的。在他們的討論中，噶瑪巴陳述了「大手印四瑜伽」第四層次「無修瑜伽」的狀態。這是持續的保任在覺知的狀態中，沒有修與不修的分別存在。法王解釋說（平常）就在他要睡著之前，會有幾秒鐘的時間並沒有安住在覺知之中。他禪修的持續性停止了，這就像是落入無意識裡。他並沒有念頭，但他失去他的覺知。一旦他睡著了，他說他的覺知就回來了。

　　儘管噶瑪巴描述自己在禪修時不免有中斷，這位本身也是禪修高手的學者卻對法王開始生起敬意。他告訴噶瑪巴：「我終其一生都在禪修，但我從沒有過您這種持續覺知的程度，我只有在書本上讀到過。」這位學者之後為噶瑪巴解釋在書本上是如何談論日與夜之間的界線。有時這也稱之為光明與黑暗間的分界點，一旦界線完全消融了，就達到正等正覺的佛果。雖然當時法王噶瑪巴還很年輕，不過很少有人曾經達到像他這樣的禪修境界。

---

1. 注：堪布，藏傳佛學院教師的榮銜之一，相當於一般大學的「教授」，指佛學知識已達到碩博士程度的佛法教授。

法王對病患及臨終者特別的慈悲。他經常探視這樣的人並盡其所能的照顧他們。即使當他在醫院面臨死亡時，還是照顧著他身旁的人。他圓寂於美國芝加哥的一家醫院，醫生及護士無不驚訝於法王對他們的關心及體貼。醫護人員解釋說，他們在那裡是要照顧法王噶瑪巴的，但法王卻在那裡照顧著他們。他總是如此的照顧著大家。

　　法王噶瑪巴依然眷顧著我們，他的慈悲浩瀚無際，這樣的慈悲既無生也無死。我希望此書能夠把法王活生生的慈悲及智慧介紹給大家，這樣每個人都可以從法王的愛和加持中獲得利益。

（英譯中／報恩）

Living proof

by Dzongsar Khyentse Rinpoche

His Holiness the Sixteenth Gyalwa Karmapa, Rigpe Dorje, through his sheer presence, was living proof that the Buddhadharma works. Tibetan intellectuals can be very critical, and some criticized the Sixteenth Karmapa for not being highly literate and well-versed in philosophical discourse and liturgical detail. People can say what they want, but none can deny that when the 16th Karmapa suddenly appeared on the throne, he would transform the environment and the people in it on the spot. He was very majestic. He was like a king – just perfect.

I was so fortunate to receive many teachings from the Sixteenth Karmapa, and even as a young boy to follow him when he circumambulated the Great Stupa at Boudhanath at 2.30 in the morning. He often did this at night because he had so much to do during the daytime.

But it's only now that I am beginning to appreciate that the Buddhist teachings don't have to be verbal or philosophical. In those early days I think I was too young to grasp that fully. Now I see that the simple presence of the 16th Karmapa, the Buddhas and the great masters, was enough to transmit the essence of the Buddhadharma. Many others who saw the 16th Karmapa share this view, including in the west, where the dharma was just beginning to be heard in those days. Even the most intellectually stubborn academics and egomaniacs from different universities, without receiving any teachings, would feel something inside them change and open up when they saw His Holiness the Karmapa.

Khenpos, intellectuals, scholars, and people like me try to teach so much over so many years. Maybe all our logic and explanation will convince one person in the room for one morning, but even then anything you learn is gone the moment you leave the room. Nothing remains. But if you walk into the presence of someone like HH Karmapa, he does something to you that will remain with you much longer than all our 'verbal diarrhoea'.

So it is really the presence and being of the buddhas and bodhisattvas that matters most. They don't actually have to do much because of who they are and how they exist. How they manifest is living proof of the dharma. This is particularly important at times like this when wrong views are so prevalent. Those wrong views are very difficult if not impossible to defeat by logic alone. On the contrary the better your logic, the more likely you may be to end up with a wrong view that you become even sharper at promoting. So it's the physical presence of someone like HH the 16th Gyalwa Karmapa that actually provides the best evidence of the right view and that can give us the greatest inspiration.

To this day, I consider myself so fortunate even to be referred to as one of the 16th Karmapa's meagre disciples. And we are all fortunate that there is this new book about his life.

**Adapted from the teaching *Parting from the Four Attachments*, given by Dzongsar Jamyang Khyentse Rinpoche at the International Buddhist Academy, Nepal in 2009: Day 8, Part 2.

〈宗薩欽哲仁波切序〉
活生生的證明

　　第十六世大寶法王嘉華噶瑪巴日佩多傑，僅僅透過他的存在，即是佛法運作的活生生證明。西藏知識分子可能很喜歡批評，有些人批評十六世噶瑪巴對於哲學論述與儀式細節皆不精通。大家都可以各自表達意見，但沒有人能否認，當十六世噶瑪巴突然出現在法座上時，他可以轉變現場氛圍及在場群眾。他非常莊嚴雄偉，像是一位國王──就是完美。

　　我有幸能從十六世噶瑪巴領受到許多教法，甚至當我還是個小孩時，曾隨他在凌晨二點半繞行博達納（Boudhanath）大佛塔。他通常在夜間繞行佛塔，因為白天有太多事情要做。

　　但現在我才開始體悟到，佛法不一定要以語言文字或哲學方式呈現。早年時期，我想因為那時我還太年輕，所以無法完全理解這點。現在我了解到，十六世噶瑪巴、諸佛及大師們，僅僅他們的存在，便足以傳遞佛法的精髓。許多見過十六世噶瑪巴的人，都同意這個觀點，包括當時佛法剛開始萌芽的西方社會，甚至各大學中最頑固的學者和自我主義者，即使沒有接受過任何教法，當他們見到大寶法王時，都感覺到自己內在某部分的改變與開放。

　　堪布、知識分子、學者以及像我這樣的人，多年以來努力地教學。也許我們所有的邏輯和闡釋於某個上午在某個教室說服了某人；但儘管是那樣，在離開教室的那一刻，你便忘記所學的內容。什麼都沒留下。

但如果你無意間遇見像大寶法王那樣的人，他對你所做的事，比起我們所說的像是「腹瀉的語文」，會停留在你身上更久。

因此，諸佛菩薩的示現與存在才是最要緊的。由於他們的身分及存在方式，其實他們無須多做什麼。他們的示現就是佛法活生生的證明，在當今這個邪見普遍存在的時代，這點尤其重要。那些邪見即使並非完全不可能，但真的很難被單獨的邏輯所擊敗。但反過來說，邏輯越強，你最終越有可能緊守你越加敏銳推銷的邪見。因此，十六世大寶法王嘉華噶瑪巴這般人的具體存在，實際上是正見的最佳證明，並且能給予我們最大的啟發。

時至今日，我認為自己非常有幸甚至可被視為十六世噶瑪巴不成材的弟子。我們也都很幸運，將看見這部有關其生平的新書問世。

（英譯中／欽哲基金會）

** 節錄自宗薩欽哲仁波切 2009 年於尼泊爾「國際佛學院」（International Buddhist Academy）講授的「遠離四種執著」：第八日、第二章。

Karmé Yiong Drupde Samten Ling

Karmé Ling Retreat Center

〈卡塔仁波切序〉

願此書帶來法王的加持

ད་རེས་པ་རྒྱལ་དབང་བཅུ་དྲུག་པ་ཆེན་པོའི་མཛད་རྣམ་དང་འབྲེལ་བའི་དེབ་གཅིག་ལེགས་གྲུབ་བྱུང་
བ་ལ་སྙིང་ནས་རྗེས་སུ་ཡི་རངས་དང་ཕྱག་ལས་གནང་བ་པོ་རྣམས་ལ་ཕྱགས་རྗེ་ཆེ་ཞུ། དེར་འདི་
མཛལ་ཞིང་སྐྲོག་པ་པོ་ཀུན་ལ་བྱིན་རླབས་འཇུག་དེར་བས་དེ་བཞིན་སྨོན་ལམ་ཡང་ཞུ།

གུས་པ་མཁན་པོ་ཀར་མཐར་ནས།

　　此次《見即解脫——尊聖的第十六世法王噶瑪巴傳記與教言》一書
圓滿出版，我滿心隨喜，並感謝所有為此書付出的人員。

　　相信每位閱讀此書的人，都能得到加持。我也如是祈願。

堪布卡塔

（藏譯中／堪布羅卓丹傑）

注：有一首詩是這樣讚頌堪布卡塔仁波切與十六及十七世兩位法王之間的情誼：

記得當年您送我來美國
您拄拐杖且徐行
我正勇猛當年輕
生涅一闊契　　望師心悲悽
異鄉播佛種　　滄桑布法席
暮鼓晨鐘揚　　盼師萬山遙
佛國淨土耕蓮田
憶念師恩不成眠

記得這一年您回來看我
我步蹣跚背也彎
您恰青春沐少年
白髮謁紅顏　　上師蒞眼前
山門祖庭連一片
堪表信物展諾言
自體戒香虛空遍
冰心安忍日月前
我拄拐杖天涯走
不忍重擔師肩頭
望您法音遍宇宙
廣度眾生皆成佛
有風有雨有起伏
無怨無悔無所求

　　此乃為堪布卡塔仁波切之學生，有感上師行誼而作。感動於不間斷的黃金珠鬘傳承，所帶給弟子的無比莊嚴及加持，願此加持：生生世世與師永不離，受用殊勝吉祥之法教，五道十地功德悉圓滿，願速證得金剛持果位。

　　噶瑪巴千諾！

屬於十六世法王的傳奇年代

敬以此書獻給尊貴的

第十七世大寶法王鄔金欽列多傑

> 願師蓮固九重天
> 法音十方植蓮田
> 王者威儀攝大千
> 佛陀意趣步履堅
> 行誼聖化眾生願
> 事潤弟子如湧泉
> 業勤法揚國土遍
> 圓證三身捻花間
> 滿月映湖明空顯

　　2011 年，春天繽紛的花蔓淹進尋常的日子，空氣裡滿是十七世大寶法王為籌募 KTD 建寺工程款的加持，從印度噶舉祈願法會回到美國灣區，我們開始投入募款工作——儘管深知金額很龐大，路途必定很遙遠。在籌款過程中讚嘆著近代弟子對十七世大寶法王展現無與倫比的虔誠恭敬與仰慕，但時空隔閡不免對十六世法王所知不多、對法王美國主座 KTD 也很陌生。大家雖多少都拜讀過 KTD 住持堪布卡塔仁波切的著作，但大家對他的佛行事業也不熟悉。

　　為了拉近大家與十六世法王及其創立的 KTD 法座的距離，也為了回

饋法友們對 KTD 工程款的贊助，一群十七世法王的弟子，攜手橫跨太平洋共同投入十六世法王生平事跡資料的收集及撰寫。這段期間，為了配合堪布卡塔仁波切在 2012 及 2014 年的亞洲弘法之行，分別在仁波切及幾位法友的臉書上傳部分內容，除了供養各地法友外，也把十六世法王在東西方的佛行事業作一簡單闡述。無眠的潮水聲從東方漫泳萬里拍打到加州的海岸，善知識託風力促我們盡快完成此傳記，透過陸續刊登的小短文，法友逐漸的把十六、十七兩世法王的連續性串聯起來，依稀遙知在紐約的某個深山裡矗立著法王的莊嚴法座，在法座中有位信守自己與上師諾言，建寺並看守叢林近 40 年的堪布卡塔仁波切，他為傳承所付出的一切，忠誠垂丹青，法利十方眾。眼見預期效果已慢慢展現，這深觸我們的心弦，仰望寂寥夜空感謝所有來自歷代法王、諸佛菩薩及傳承上師們的無限加持。也感恩世界各地法友對傳承的虔誠護持。

翻開歷史的篇章，十六世大寶法王的所有行誼，總是那麼的雍容自得，法王做的每件事，看似那麼的理所當然，回首莫不掩卷讚嘆，在在隱藏著無比的加持與智慧。智慧必是深廣浩瀚，無法窺見；加持力道永恆不斷，嘉惠無數眾生。這個加持除非自棄，否則沒有到期日，永遠不變。

年輕時，法王弘範西藏周邊各國，舉行盛大的黑寶冠加持典禮及各類法會，讓大眾有機會接觸到藏傳佛法，並將教法帶進無數弟子的生命裡。在一次次的出訪中，法王與各個國家建立起良好的關係，讓更多人知道雪域淨土有一群藏族同胞。日後，法王所踏過的土地，不管是中央或地方政府，對遠離西藏的難民大都能給予協助及善待，使藏人有第二故鄉。

中期，法王在錫金落腳後，於艱困的環境中，克服所有障礙重建隆

德寺，日後並以此為基地，將釋迦教法廣大弘揚；除此之外，他也肩負起教育轉世祖古與僧眾之重責大任。不管何時，法王毫無條件的接見世界各地慕名而來的各色人等，不管是衣冠楚楚的達官貴人或是穿著襤褸的嬉皮浪人，這些具緣眾生在法王無限慈悲的感召下，徹底的改變他們的一生，也成為法王前往西方廣樹法幢的一大緣起。

晚期，法王三次廣轉法輪於世界各地，拜訪組織首領、各地政要及團體領袖，除了彼此交換世界和平對人類的重要性外，也讓更多人了解藏傳佛教，法王將佛法的種子廣播於世界各地，讓更多人接處到解脫輪迴的不二法門，並有計畫的派遣傳承上師到世界各地傳授佛法，將菩提種子廣植各方，這絕對是佛法歷史上值得記上一筆的里程碑。

法王在其開示中，一再提醒四眾弟子佛法的殊勝珍貴，我們正處在一個幸運的時代，歷史的更迭，我們不僅遠離新教派移入故有教派土地上會引發的排拒年代，而且藏傳佛教經過數十個世紀的蘊釀與修持，已深刻證明其殊勝性與真實不虛，加上十六世法王的親自引薦，植下蓮田千萬里，飄香法界無邊際。甚至，在他與弟子談笑風生的當下，出其不意的直指心性，那不可說的殊勝片刻，真讓我們目瞪口呆，嘆不可思議的無比因緣。法王將佛法的慈悲光芒加持於十方世界，透過佛法的修持讓法喜充滿徬徨的世代。

在示現無常生滅的這一課，是如此的令人屏息，地水火風空完全被法王掌控於吐納間，尤其在以高科技為傲的西方世界，面對法王所示現的一切，只能臣服讚嘆，甚至連最精密的醫療器材都成為法王演繹生死的道具，所有令人驚心動魄的數字不過是無常的幻化之一。在法王的世界裡，所有事物皆具無限的可能性。

最後，故事終究有最後。法王雖然暫時將色身化空於法界，但留下

廣長舌與菩提心；他的意遍虛空法界，他的語仍說法不斷，屬於十六世法王的傳奇年代，由承接 900 年古老靈魂的第十七世大寶法王接續傳承的莊嚴偉大。

2016 年適值十六世法王圓寂 35 週年，經十七世法王噶瑪巴慈允，將這本屬於大家的十六世法王歷史傳記付梓，望能為所有具緣者增添法身慧命的光彩，在上師的教言中我們聆聽修持，十六世法王不遠、法蓆尚溫，讓我們跟隨十七世法王的腳步前進，就像十七世法王在佛陀成道的聖地菩提迦耶，於祈願法會所作的開示，他發願從 2007 年開始，要踏遍每個在場居士所來自的國家的土地。一場轉動法輪於十方世界的大戲已上場：說法高台已築畢

　　　　佛慢布幕已拉起

　　　　傘蓋逶迤鋪天地

　　　　法音磅礡滿天際

屬於第十七世大寶法王噶瑪巴鄔金欽列多傑的風采，已經劃時代的上演中。

聆聽法王・靜靜的

　　筆者生在清澈小河流經的市郊，父拜關公、母拜觀世音。年幼多病，群醫無策，勸父母棄養，然父母相視流淚不捨。母親夜夢觀世音菩薩口述救命之方，七天後果真病癒；及長失去父母痛不欲生，若非學佛早已消失於世。幸遇法王噶瑪巴及明就仁波切，在上師座下受課，各救回半條命。從此人生除了報恩之外，已不知如何表達對傳承上師、對佛法、對同為上師座下師兄姊的感恩之情。所做一切皆願眾生離苦得樂，早證無上正等正覺。

　　多年前，為了報答十方信眾對大寶法王的美洲主座 KTD，所作的慷慨供養，因此發心供養師兄姐第十六世大寶法王的生平，誠惶誠恐的閱讀所有能找得到的中英文資料，許多個深夜，我仰望浩瀚的星空遙望西藏、印度和尼泊爾，對歷代大寶法王生起無限的敬畏，對所有為傳承、為釋迦教法付出的上師，感動在心，尤其在遙遠深山轉動法輪的堪布卡塔仁波切，其經教之深廣非我所能蠡測，然其身教，將會影響我一生一世。就像十六世法王所開示「我們要非常慶幸此生能得遇佛法。」我們更應感恩的是，能在這麼偉大的傳承，跟著這麼殊勝的上師學法。自己的人生除了感恩之外，還希望有生之年能報答上師諸恩德於億萬分之一。

　　在此同時，要發自內心，向所有為此書貢獻心力的師兄姐們致上深深的謝意，沒有大家的付出，就沒有這本傳記及教言。大家花費的心力、時間，絕非旁人所能想像。秋熟的金黃稻穗，只顧低頭繼續成長，不為抬頭細數穀粒與聲名。但願傳承祖師之於我們的恩德，有緣者都能因為

此書而領略一二。

2011 年，當我們開始收集十六世法王生平資料時，非常幸運的值遇世界祈願法會及香巴拉世界，皆舉行以故事紀念法王 900 週年，讓來者有機會追思十六世法王之行誼，於網站開了專頁收錄十六世法王的生平事蹟，何其有幸本書因而有了更多可以參考的文獻，相關資料均附錄於書後。

因此諸位先進、善知識在閱讀此書某些篇章時，可能會覺得內容似乎已經讀過，但您千萬別因此跳過，成就往往藏在不經意的細節裡，第十六世大寶法王以其不共的智慧總在弟子最關鍵的時刻為其指出自心本性，那個剎那天地是否為之震動不得而知，但一定能憾動我們的內心。靜靜的‧聆聽‧法王。看能否聽到自己的掩卷嘆息聲，祝福大家都能聽到尊貴法王的六十種梵聲妙音功德。

噶瑪巴千諾！

喇嘛千諾！

附注：在當年傳記後，會有世界大事記，能留下一筆的都是屬於人類的悲慘與哀傷，這也提醒我們生滅如幻無常隨時，我們如何能不在教法中下功夫呢？我們共勉也一起在上師們的座下努力。善哉！善哉！

第一部，傳記篇

竹花之隱喻，利他之莊嚴

佛曾經如此預言：

噶瑪巴——
那雪域殊勝教法的持有者
他是觀世音菩薩
是所有成就者慈悲的顯現
是諸佛的化身

噶瑪巴以深邃的願力滋潤乾坤
柔軟的心續綻放智慧的花朵
承受眾生難忍的淚水
每滴都觸動他的菩提心弦
悲憫無依眾生一再一再的轉世

清涼的教法如喜悅梵音的花雨
香漫三千大千世界
安慰輕撫每顆徬徨無依的心
不捨任何一個眾生
如母救子衣濕濤天苦海裡

序曲：秋吉林巴的淨觀

偉大的伏藏師秋吉林巴（Chokgyur Lingpa,1829-1870），他是詠給明就仁波切（Yongey Mingyur Rinpoche）的高祖父。當他遊歷到東藏南千，在第一世大寶法王所創建的噶瑪寺（Karma Gon）訪問時，得到一個淨觀，這個淨觀備受噶舉傳承 [2] 重視。在此淨觀中，蓮師出現，周圍被 21 位化現的噶瑪巴所圍繞，蓮師為秋吉林巴揭示了 21 位噶瑪巴的轉世。這個預示包括了在秋吉林巴那個年代，已經轉世的十四位噶瑪巴、以及未來會轉世的七位噶瑪巴。在他的淨觀中，每一世噶瑪巴都有各自的場景，以顯示出他們未來事業的真實情況。秋吉林巴的弟子將淨觀的內容記載下來，成為一本神聖的書叫《歌頌吉祥旋律之音》（*Sounding the tones of the Melody of Auspiciousness*）。這段文字後來以木刻版印出，目前保存在著名的

---

2. 參見附錄一。

敏卓林寺（Mingdrolling）中。

在蓮師的預言中提及，第十六世大寶法王噶瑪巴，將會在娑婆世界揚名十方界。他對釋迦教法完全確實的精通，毫無疑問的，了知所有經續與密續的教義。

秋吉林巴進一步預言，在第十六世或第十七世噶瑪巴的年代，他們將越過海洋，將三乘法教廣宣於世。的確，在第十六世大寶法王時，他曾三度前往歐洲、美洲及亞洲大轉法輪，將光芒萬丈的佛法帶進當時黑暗的世局，讓冷漠的世間多了些許溫暖，使人們脆弱的內心瞥見一絲的希望。人們被囚禁在千年暗室的自心本性，剎時光明湧現。

第一章：轉世及認證（1931-1932）

他將穿越海洋，將三乘法輪廣宣於世

1. 聖者出世

　　第十六世大寶法王誕生在東藏德格的直曲（Dri Chu）河堤，丹闊（Den Khok）附近，具有權勢的阿圖（Ah Thub）貴族中。因為多位德格的高僧告訴他母親，她腹中所懷的是位大菩薩。她母親為了給孩子一個清淨的環境，因此決定要找個殊勝的地方分娩，她在蓮師閉過關的「獅天堡」前搭起帳蓬，請堪布灑淨後住在裡面，並依堪布的指導修清淨的法門。也有另一個說法是，在噶瑪巴出生前，有人預言這個貴族家庭將誕生一位大菩薩，因此他們應該在阿圖皇宮的圍牆外紮營，那麼，這個小孩就不會誕生在一個怠墮的環境。不管是前者或後者的說法，都在預示著一個非凡的誕生。

　　據說，這個小菩薩尚在母親的肚子裡時，大家已經可以聽到他在念誦「嗡瑪尼貝美吽」六字大明咒。到了生產前不久，有一天母親發現她的肚子完全變平了，未來的噶瑪巴從母胎中消失了一整天，

這是聞所未聞的事，因此大家更確定這絕對是個非比尋常的小孩。隔了一天，母親的肚子又鼓了起來，恢復到之前的大小。第二天小菩薩就誕生了。據聞，他一出生就下地走了七步，在場的人都聽到小嬰兒對母親說：「媽媽、媽媽！我很快就要走了！」

在這位小菩薩誕生的當天，帳篷外微雨的天空出現了數道彩虹，整個帳篷閃耀著白色光芒，帳篷內佛堂供杯裡的水都變成牛奶，噶瑪巴沐浴的淨水彈指間也變成了牛奶，這種種看似神話的跡象，卻一再印證，這是對偉大轉世上師的不共讚嘆與供養。

歷經這種種不可思議的徵兆，這個家族確信這個孩子絕非等閒之輩，因此為了保護這個新生命，他們特意放出風聲說剛出生的孩子是個女孩，希望透過這層煙幕彈，避免孩子受到任何可能的傷害。

2. 尋找第十六世大寶法王噶瑪巴

然而，就位處中藏的楚布寺而言，在尋找第十五世大寶法王噶瑪巴卡恰多傑（Khakhyab Dorje ,1871-1922）的轉世時，過程並不是像文字的三言兩語這麼地簡單就圓滿落幕。自古好事多磨，這也適用在尋找第十六世大寶法王的過程。

根據歷代法王噶瑪巴轉世的傳統，不經占卜、旁人指點或自我宣稱，而是透過法王噶瑪巴本身無礙智慧的自我認證，他會在圓寂之前留下轉世的信函，通常裡面會包括下個轉世出生的年份、地點、周圍環境及父母的部分名字等。然而，當第十五世大寶法王圓寂之後，並沒有人知道這封預言信在那裡。

4. 臨終的頌歌——竹子之花的隱喻，為了人們的莊嚴

　　就在會議進行的同時，一些高位的仁波切們很快就把這封珍貴的預言信函打開，這份轉世預言密藏在一份標題為《臨終的頌歌——竹子之花的隱喻，為了人們的莊嚴》（*A Dying Song--the hidden significance of a Bamboo flower, an Ornament for the People*）的文件中。依於無法推測的理由，第十五世大寶法王決定留下一封以數字密碼寫成的預言信。而這些數字所組成的密碼只有一位高位的上師——欽哲仁波切（Khyentse Rinpoche）才有能力加以破解。

　　數字密碼譯成文字大意如下：

在楚布之東，金色河流之處。
此地在遠久之前屬於巴渥丹瑪（Pawo Denma）及林凱薩大臣（Ling Kesar）所有。
在榮耀的神山帕爾山丘（Pal Hill）以阿字（Ah）及圖字（Thub）作裝飾。
房子由泥土建蓋而成，
是一個屬於皇室及有宗教信仰的家庭。
木鼠年六月的第十五天是誕辰。

　　密碼被解讀之後，在預言信中清楚地交代了在阿圖這個地方，可以找到第十五世大寶法王的轉世，父親名策旺奔措（Tsewang Phuntsok），母親是卡尚確卓（Kalzang Chodron），以及出生的年月日。這封信所預言的內容和大司徒仁波切的淨觀完全吻合。

　　有了預言信及完全符合的正確人選之後，楚布寺高層以歡欣鼓

舞的心情及完全的信心，一而再，再而三地為第十五世大寶法王真正的轉世請願，而拉薩當局也一次不漏地一再拒絕。雙方的請願書與拒絕函，就這樣來來回回了一整年。

就在一方急於得到拉薩官方對轉世的認證，一方卻以君無戲言不肯輕易點頭的同時，那位閣員的小孩因為頑皮地爬上布達拉宮附近的屋頂上玩耍，一個不小心，砰的一聲，從高聳的屋頂上直接掉到地面，當場摔破了骨盆。在那個醫療不發達的年代，這樣的傷勢算是非常的嚴重，即使再高明的藏醫，也很難把人從這樣的重傷中救活。很不幸地，那個男孩很快就因為併發其他器官的問題而身亡了。

就在此時，楚布寺接到了拉薩當局的要求信函，希望他們重新派出尋訪團，找尋第十五世噶瑪巴轉世的可能人選。

法王噶瑪巴已經留下那封有美麗詞句標題的轉世信函，在莊嚴難解的數字掩飾下，隱喻了極為精準與詳細的資訊；楚布寺毫不遲疑地就把轉世信函中所提到，種種條件完全相符的那位轉世者的名字提交出去。

拉薩政府很快回覆道，事實上你們不能只提一個人選，如果只有一個人選，那跟你們自己決定誰是轉世者並無不同。如果你們要官方確認最後的決定，就必須提二到三個人選，讓我們來決定哪一位才是真正的轉世，這是歷來的傳統做法。

當局的決定，讓楚布寺再次陷入騷動之中，因應的會議一個接著一個地召開。那位充滿智慧，能解開轉世信函密碼的欽哲仁波切，

提供了個萬無一失的好辦法，他們以先前在阿圖找到，已被大司徒仁波切認證的男孩的名字，分別以「父親的兒子」及「母親的兒子」各出現一次，這就滿足了提供兩個可能人選的要求。拉薩當局很快就有回覆了：「正確的轉世者是：母親的兒子。」

這是純正的噶舉傳承——第十五世大寶法王噶瑪巴的轉世者，歷經繁複曲折的磨難與艱困試煉後，於藏曆木鼠年6月15日（1924年9月）出生於阿圖的這位男孩——日卓耶謝，被正式認證為第十六世大寶法王噶瑪巴的過程。

這些場景或許都已成歷史，但這美麗細緻的轉世布幕永遠不會消失。相反地讓我們看到傳承命脈精雕細琢下的嚴謹，竹子之花的每個花瓣各自飄香，共同芬芳了整個傳承的金鬘念珠，串起念珠的這條珠線愈加堅韌牢固，愈能彰顯出每顆念珠的珍貴莊嚴。

大部分的我們對尋找認證第十六世大寶法王的盛會，不可能參加、也無緣見證。然而，整個過程的枝節透過歷史這扇門，讓我們一瞥其中的精確與嚴謹——雖然過程充滿了我們所無法想像的複雜和艱辛。追溯歷史，也讓我們看到傳承祖師們為捍衛一個純正不中斷的傳承，其中的堅持與付出。尤其在一個政教合一的時代下，更要步步為營，當中任何一個不當的轉折，都足以改寫佛陀教法的歷史。沒有間斷的黃金珠鬘傳承，經過外在時空的冶煉，與內在不共的試煉，歷久彌新，閃動著耀眼的光芒。在這樣的濁世，愈顯其殊勝與尊榮，這真是歷代大寶法王噶瑪巴的不共功德及廣大加持，讓後世弟子均能沐在竹子之花的那縷清香中。

　　與這場歷史大同小異的環節在近代真實上演，原來兩個故事的內容相去不遠。第十六世法王噶瑪巴是噶舉傳承中，第一個將黑寶冠的加持帶出西藏抵達佛陀成道之地——印度，之後橫越廣闊的太平洋，在亞洲、美洲及歐洲，廣大地加持具緣眾生。功德無量無邊，因此障礙也無法估量，因為佛在成道時，波旬就告訴佛陀，釋尊的教法在哪裡弘揚，波旬的破壞也一定如影隨形的到來，而且兩派弟子的穿著完全一樣，一般人絕對沒有能力僅憑外在的法衣，就能判斷出他們代表的是純正佛法或是外道邪師。

　　而根據蓮師的預言，噶舉傳承到了第十七世大寶法王時，會如暗夜中的熊熊火炬照亮十方，眾生內心沉睡不醒的佛性，將被一一點燃。功德愈大，伴隨而來的逆增上緣絕對超乎想像。當所有複雜的業力牽引在一起，致使第十七世大寶法王噶瑪巴的認證過程，重演與前一世同樣的情況時，我們各在天涯的一方，無法體會那差之毫釐失之千里的驚心動魄，也無法揣測聖者的用意；但我們知道傳承的薪火已燃起，烈燄高空光明遍照，因此我們才有機會在這裡，一起追尋祖師大德以慈悲及智慧耕耘出來的傳承軌跡，共同仰慕上師們的謙謙風采，受用殊勝吉祥的法教。當獅子威猛的吼聲響遍十方時，我們如何能不尋聲而去呢？

5. 黑寶冠與「另一頂禮冠」

　　1930 年，當官方確認了第十六世噶瑪巴的轉世之後，第十五世噶瑪巴的兩大心子：第十一世大司徒仁波切和第二世蔣貢康楚仁波切，為第十六世大寶法王讓炯日佩多傑，舉行皈依禮，並為他傳授

菩薩戒。

拉薩嘉瓦仁波切辦公室，也以官方信函正式地認證第十五世大寶法王噶瑪巴的轉世。

1931年，年初，法王噶瑪巴受大司徒仁波切之邀前往德格八蚌寺，受了金剛亥母灌頂及沙彌戒，並接受由欽哲仁波切等人特別從楚布寺帶來的黑寶冠和僧袍。同時，他特別停下來參訪和加持德格寺院的出版中心，據說，這預示噶瑪巴將來會在西藏以外的地方出版佛教經典。大司徒仁波切為他陞座為第十六世噶瑪巴，並獻上巴殿讓炯恰達日佩多傑之名（Palden Rangjung Khyabdak Rigpe Dorje）。「讓炯日佩多傑」是來自秋吉林巴的淨觀之中，蓮花生大士對第十六世噶瑪巴名字的預言，意思為「本覺自生金剛」。

大司徒仁波切接著一路陪同法王噶瑪巴回到他的主寺楚布寺。途中法王在囊謙的吉達寺舉行了他生平第一次的黑寶冠加持儀式法會。這場法會就像洗滌人們的眼睛一樣，天空出現了多道的彩虹，花雨繽紛自天而降，數千人參與了這個不可思議且殊勝的盛會。

國師嘉察仁波切、蔣貢康楚仁波切、巴沃仁波切和許多上師們也都到念青唐古拉山（Nyenchen Tangla）的山谷會合，以迎接新轉世的噶瑪巴，一起護送法王回楚布寺。為什麼會選在此地迎接新的轉世呢？據說此地的山神就是噶瑪噶舉的護法，事實上他是一位八地菩薩，發心護持法王噶瑪巴的正法。傳承祖師們在此處迎接新的轉世，也是為了創造一個十六世法王首次回祖庭——楚布寺——殊勝祥瑞的緣起。這是法王首次踏上念青唐古拉的土地，特別以吉祥米及一條白犛牛供養給這位護法。

　　第十三世嘉瓦仁波切在拉薩接見了噶瑪巴，並為他舉行象徵捨棄世俗一切事物的傳統圓頂儀式，並為他取名為圖殿立卓耶謝（Thubten Rikdrol Yeshe）。當時，在儀式舉行之前，噶瑪巴的頭上戴著布製的禮冠，在向嘉瓦仁波切行禮前，他把禮冠取下來。現場有人聽到嘉瓦仁波切問他為什麼沒有把「另一頂禮冠」也拿下來。但法王的父親告訴嘉瓦仁波切，噶瑪巴的頭上真的沒有戴任何的帽子。嘉瓦仁波切尊者似乎看見了大寶法王頭頂上戴著，由十萬空行母的頭髮所編成的那頂天界的智慧寶冠。由此可以看出嘉瓦仁波切極高的精神成就，以及眼前這位從阿圖來的小男孩，的確就是真正的噶瑪巴的轉世無誤。

　　當嘉瓦仁波切得知他看到的是由空行母供養的自生智慧寶冠，對眼前這位轉世生起了信心。隨後嘉瓦仁波切親自為噶瑪巴撰寫了一篇長壽祈請文，祈請法王噶瑪巴蓮足永固，轉動釋迦教法的大法輪，救度三界火宅中的受苦眾生。

　　這是第十六法王噶瑪巴頭頂上的金剛黑寶冠第一次被看到，就轉世的認證、確認及被認證這三個層次的意義而言，這是非常殊勝難得且極具加持的事。

第二章：成長及受教（1933-1946）

領受祖師大德的法教，奠定掀起佛行事業的開展

圓頂儀式之後，噶瑪巴正式在楚布寺由司徒仁波切和竹巴噶舉法王，共同再次為噶瑪巴舉行陞座大典。大司徒仁波切、國師嘉察仁波切為他灌頂並傳授全部噶舉傳承的法教；巴沃仁波切亦特地前來，為法王獻上供養，並祈願法王長久駐世。

及後，法王跟隨當時的大學者、也是經論大師的貢噶仁波切（Gangkar Rinpoche）學習經藏；當噶瑪巴受教於他時，曾向上師訴說自己前世的事情。法王亦追隨欽哲仁波切學習密續，從蔣貢康楚仁波切處獲得大手印灌頂，並無分教派的由數位具德上師處接受各個偉大傳承的教法。

第十六世大寶法王聞聲救苦的佛行事業，從此要寫下光輝燦爛的扉頁；他未來的弘法篇章將如史詩般的美麗，他的佛行事業更是如大海掀浪般地波瀾壯闊。

噶瑪巴去了趟理塘（Litang）八蚌寺，法王依過去噶瑪巴的傳統，在附近大石頭上留下了大約二十個腳印。

1933 年，西藏出現第一部汽車－奧斯汀 7（Austin 7）。第十三世嘉瓦仁波切尊者在這年圓寂。

1. 傳承修學的道途

據說，年幼時的噶瑪巴，意志超乎尋常的堅決，沒有人可以強迫他做任何他不想做的事，包括讀書；跟其他的小孩一樣，他也很愛玩。早年在楚布寺時，噶瑪巴由一位相當冷靜明智但非常嚴屬的喇嘛負責他的受教事宜。傳說，你只要聽到這位喇嘛從屋子裡面把門閂上，對著年少的噶瑪巴慎重地搭衣三頂禮時，那就足以警告噶瑪巴趕快回到座位上好好專心讀書，背誦該記的法本、論頌；如果沒有照著做，那麼捏打的體罰也不會因為他是噶瑪巴而被略過。授課喇嘛一絲不苟的教學作風，加上噶瑪巴對教育他的上師有一定程度的畏懼與崇敬的交織，確保了他的教育有良好的進展。

然而，噶瑪巴的部分親人實在無法忍受這麼尊貴的佛菩薩轉世，卻被以平常人的方式對待，因此想要解除這位親教師的職務。雖然當時噶瑪巴年紀尚小，但他很清楚親教師的職責，因此內心對家人的這個決定深感難過，並為自己的老師緩頰，說親教師所做的一切都出於善心，目的是為了讓他在各方面都有更長足的進步。

雖然噶瑪巴的求情並沒有改變事情的結局，但他堅持必須送他的親教師上等的禮物，以及一套華麗高貴的僧袍，以謝師恩。

接下來是由噶瑪巴上一世的上師之一——桑天嘉措，繼續他的教育課程。師徒隔世再見份外親切，這位親教師非常的了解噶瑪巴，所以從來不曾打過年幼的噶瑪巴；不過取而代之的是，他會在噶瑪巴的面前直接處罰噶瑪巴的侍者杜竹，這就足以達到讓噶瑪巴乖乖回到座位上，繼續學習的預期效果了。[4]

2. 噶瑪巴示現神蹟

十歲的法王噶瑪巴，第一次認證了轉世祖古，他是第八世蘇曼仁波切。充滿神話的事蹟，隨著噶瑪巴的成長不斷的發生。像是有一次他受邀為偏遠理塘的寺院舉行開光典禮，但他無法親自前去，噶瑪巴在紙上畫下該地的模樣及寺院的所在位置，就在寺院預計的開光時辰，他像是在開玩笑般的將薰過香的米，灑在剛剛畫好的紙上。就在這個當下，理塘的晴空聚集了朵朵白雲，薰香白米如同灑種般紛紛從天而降，加持了整個寺院的裡裡外外。後來法王加持另一個尼院時，神奇的事再度發生。通常穀物被拋灑出去之後應該是會直接落入地面，但法王手中的穀物拋灑出去之後，有些穀物竟然就停留在佛像的腳上，有些則捧在佛的手裡。所有穀物中的一半變成了舍利子，這些舍利子都被完好的保留下來，供奉在楚布寺中。

噶瑪巴曾受囊謙國王的邀請到他的宮殿作客，並訪問他所贊助的一所竹巴噶舉寺院——切丘寺。另外，他也訪問了竹巴噶舉的給

---

4. 參見 Tulku Urgyen Rinpoche and Erik Pema Kunsang 著 ,〞Blazing Splendor: : The Memoirs of Tulku Urgyen Rinpoche."（中譯本《大成就者之歌》第 7 章）

恰寺，此寺亦在囊謙，有九百尼師居住，是西藏最大的尼眾寺院。

這一趟的東藏之旅中，噶瑪巴示現了他那不可思議的成就奇蹟，他似乎可以把任何東西都玩弄於手掌間。

當噶瑪巴率眾抵達夏喀疏卡時，竹千法王帕久仁波切（ Pa Jio Rinpoche）親自前來迎接。兩人笑談彼此所證的神通中「轉化物質」的能力，說時遲那時快，噶瑪巴從侍者的劍鞘中把劍抽出來，當著大家的面徒手把銳利的劍鋒打了金剛結，他的動作就像是在使用棉繩般地輕鬆自如。

途中經過一處叫做洛壟（ Luo Long）的地方時，噶瑪巴告訴德昌依喜帕氏打開轎子上所有的窗子。噶瑪巴可以看到許多身著華服，騎乘駿馬的人和他同行。事後根據研判這些人可能是當地的護法神前來向噶瑪巴致意，因為除了噶瑪巴外，沒有人能看見這些護法神。

1935 年，法王以其無礙的智慧，審視於 1933 年出生的創古仁波切的種種情形。法王在聖觀中見到：其父親為蔣陽敦珠，母親是汪嫫。他們住在一間大門朝東的房舍，門前有一條紅色的家犬，此戶人家有個雞年出生的孩子。由於這些徵兆完全吻合，法王認證這個孩子為第八世創古仁波切的轉世。

1936，法王 12 歲時，前往東藏康區，路經一個稱為卓密（Drome）的地方，在橫越結冰的湖面時，在冰上留下清晰可見的腳印。甚至在夏天湖水融冰後，那個腳印還停留在水面上，從湖邊就可以看得一清二楚。藏人認為如果能喝下那裡的水，噶瑪巴的加持力就會進到身體裡。根據祖師大德的說法，上師的足印等同上師，

跟親見上師的加持力無二無別，因此當時常有人拿著水袋，來到湖邊把有噶瑪巴腳印的水裝回去。

當噶瑪巴在里瓦帕瑪寺（山中寺）主持一場憤怒蓮師的法會時，火焰從食子當中竄升而起；而這一切的示現，不只是希望能讓眾生對佛法生起真正的信心，也讓眾生能保任對佛法的虔誠及淨信，在成就佛果之前都不退轉。法王對眾生的那份菩提心，透過這種種的神通變化而善加守護。事實上當時這場火供，是因為哈薩克的族人為了逃離蘇聯的侵略，一路南下到達藏東地區，當時囊千及德格地區的國王害怕蘇聯的軍隊會一路入侵到此地，敦請法王為此事占卜。法王為了利益教法並迴遮軍隊的入侵，因此特別舉行了這場「烈燄熾燃數丈高，火燒廣大數丈遠」的殊勝火供。

1937，法王噶瑪巴曾經訪問十九世紀秋吉林巴大師的寺廟，他是最後一位大巖取者（伏藏師）。當噶瑪巴在那兒時，他上一世的上師之一，也是此世的上師桑天嘉措告訴噶瑪巴，此處水源極難取得，最近的取水地點離寺三里路，不過現在即使願意走三里路也無水可取，因為冬季乾旱的問題一直困擾著他們。於是噶瑪巴要了一些水來洗澡。當噶瑪巴正在沐浴時，天就開始下起雨來。噶瑪巴一沐浴完畢，泉水就從澡盆下面急湧而出，該寺為缺水所苦的困擾就此解除了。從此，山泉不曾乾枯過，時至今日仍是泉水汩汩。

法王噶瑪巴抵達八蚌寺，司徒仁波切虔敬地遠迎噶瑪巴，以示歡迎他的到訪，並為他傳授康楚羅卓泰耶《五寶藏》中的〈噶舉雅卓—噶舉密咒藏〉以及〈丹雅卓—教誡藏〉，前者的內容為馬爾巴大譯師的高深密乘教法，而後者則含括了西藏原來八大傳承的高深

密法。

之後法王訪問了拉拓（Lha Tok），[5] 並再度前往理塘，在第二世蔣揚欽哲仁波切（Jamyang Khyentse Rinpoche, 1896-1959）的宗薩寺主持金剛寶冠加持典禮。在這場殊勝的法會中，欽哲仁波切親自體驗到了黑寶冠的加持力。他看到在法座上的噶瑪巴，以第一世杜松虔巴的形象顯現；在法王頭上十六吋的地方，他也如實見到了珍貴的黑寶冠。在法王噶瑪巴返回八蚌寺前，蔣揚欽哲仁波切為大寶法王傳授了薩迦傳承「宗義總集」的灌頂、口傳和解說。

在訪問邦普寺時，法王噶瑪巴和大司徒仁波切將腳印留在岩石上，同時在寺外，他們的狗和馬也一樣清楚的將腳印留在石頭上面。接著法王訪問圖希寺，當時兩個毗鄰的省份正爆發戰火，許多人因此無辜喪生，法王特別前往這兩個地區調停戰火。在經過短期閉關後，噶瑪巴和大司徒仁波切接到蔣中正委員長邀請他們到中國的信函，然而噶瑪巴並沒有親自前去。他派了曾經跟他學習大手印的貝魯欽哲仁波切（Beru Khyentse Rinpoche, 1890-1946）代表前往。

1939 年，爆發第二次世界大戰，這是有人類歷史以來，人類社會所進行規模最大，傷亡最慘重，破壞性最廣大的全球性戰爭，共有 61 個國家和地區及 19 億以上的人口捲進這場戰爭。

---

5. 編譯注：第十七世大寶法王尊父之名即是十六世大寶法王弘法此處時所賜予，但不確定是否為此次。十七世大寶法王將在 48 年後（1985 年）降生在此地區。

3. 密集修學與四處弘法

　　噶瑪巴在這年傳授天噶仁波切菩薩戒，之後由八蚌寺返回楚布寺。也就是 1941 年，在離開八蚌之前，第十六世噶瑪巴寫道中國軍隊的到來，及西藏人民別無選擇地只能離開故土前往天竺（印度）。

　　他也對一直留在西藏的人民獻上他無限的慈悲關懷。他比喻自己就像是春來秋去的候鳥——杜鵑，一陣秋風吹起，帶來是該說再見的訊息，不願離別的心還是要道別；他未來要旅居之處就是東方的天竺。在詩歌的最後他祈願能一再一再地見到司徒仁波切。

　　詩中，他預見自己將在錫金建立另一座主寺——隆德寺。司徒仁波切不只是這一世尋找他轉世的重要上師，在未來也會是，所以噶瑪巴祈願能不斷地與他再相見。這一年噶瑪巴 17 歲。[6]

　　在回程的途中，他訪問了班禪寺。當他抵達該寺時，行忠（意譯：淨土護法）護法所騎的馬的塑像開始嘶鳴，以示對法王噶瑪巴的敬意。在經過十一個月的旅程之後，噶瑪巴終於返抵楚布寺。

　　18 歲時，大寶法王噶瑪巴回到楚布寺。1941 至 1944 這三年，他展開密集的修學，大部份時間在閉關，同時在寺廟中大興土木擴建楚布寺。

　　1944 年，法王在木猴年踏上朝聖的旅程。首先他到桑耶寺，然後再到馬爾巴大譯師的家鄉洛扎（Lho Drak），並在此舉行多次金剛寶冠加持典禮以及灌頂法會。之後，他前往印度，在南印時，接

---

6. 以上詩作僅節錄大意，原作及釋義請見附錄二。

受了不丹第二位國王吉美多傑汪丘（Jigme Dorje Wangchuk）的邀請前往訪問。法王在不丹時先到中部的聖地本塘（Bumthang），「本塘」不丹話的意思是指「美麗的田園」。據說，此地留有十萬空行的腳印，因此又稱「田園中手持聖水的少女」。

之後，他轉往境內多處舉辦弘法活動。在一場國王向法王祈請的黑寶冠加持典禮中，國王親見黑寶冠殊勝的加持力，及法王不可思議的化現，因此對法王噶瑪巴生起極大的虔敬心。法王也加持了不丹全境，祈願釋迦教法將在不丹廣大的弘揚。聽說，當法王告別要返回西藏時，國王因為捨不得法王離去，哭得像是個即將要離開母親的孩子。

4. 流亡他鄉非實相，安住自心得自由

法王噶瑪巴在被稱為密嚴淨土的楚布寺住處——札西康薩（Tashi Khangsar）寫下了另一首與西藏命運有關的詩歌。就如1940年的那首詩歌一樣，噶瑪巴在這首詩作中提到西藏人民必將逃離故土，他們所遭受到的痛苦比上一首詩中所提到的更多。

秋天來了，

杜鵑啊！傷別離，

口中吟唱的是啼血悲歌，

音韻圓潤清麗，卻聲聲道出離鄉背井的淒楚，

人們對故土的思念只能化成一個個痛徹心扉的音符。

秋天來了，

杜鵑啊！傷別離，
口中吟唱流浪他鄉的輓歌，
聲音抑揚頓挫，牽動思念故土的哀鳴，
是如此的絕望與哀傷。
欲唱無力，不鳴有恨。

秋天來了，
即使有繁茂的桂冠可棲，
但牠終將離去。
一陣秋風起，樹葉紛然飄落離枝；
從東方吹來的刺骨寒風，颳起戰火煙塵，
遠遠遙望漫天的烏雲正蔽日，
歸鄉的路途坎坷難行，
屬於藏人的時代悲歌──
才要開始。

　　噶瑪巴以天鵝比喻自己，雖然他自己已經成長茁壯，但在風雲
變色的環境下，他也不得不離開；臨別在即，他一再一再地繞著湖
轉，看著猶如雛鳥的小天鵝在湖裡嬉笑玩鬧，內心對牠們未來的遭
遇有無限的悲憫。歷史無情的演變，縱有再多的不捨與難忍，他卻
也不得不留下羽翼未豐的雛鵝而去。雖然就要啟程奔赴他鄉，但對
這些必得留在西藏無法離開的同胞，他還是要一次又一次不斷地回
眸凝望。每一回頭就對他們悲慘的未來愈感憂戚哀傷。

　　法王在臨別的祝福中，不忘為末法眾生作指引。

起風了，

在烏雲蔽日的世局下，

眾生一定要安住在本具的佛性中，

唯有心性的光明才是亂世中真正的明燈。

它不曾熄滅。

即使外在的世間一片黑暗，

內心的光明將把自己導向諸佛的璀璨國度。

即使生活再艱難，

道路再崎嶇，

都不要忘記這一切都非究竟實相。

不管所面臨的情境會導致我們多麼悲慘的境遇，

時時都應安住在真實見地的相續上。

能如此，就像靈鳩鳥王一樣，

可以自由自在的飛翔在高空中。

當身心皆自由時，

外相就消失了。[7]

　　法王在淨土寫下對未來西藏人們受苦的難言之痛，也給予亂世眾生面臨困境的教言。在詩歌的最後，第十六世大寶法王說道，祈願在不久的未來，他能與弟子和藏人在歡欣喜樂之中再相聚。有朝一日，法王要再踏上楚布寺的土地，為了如來家業也為了天下蒼生。

---

7. 以上詩作僅節錄大意，原作及釋義請見附錄三。

法王預示這一天將在 41 年後實現——也就是第十七世大寶法王轉世回西藏之時。第十六世大寶法王寫這首詩時是 21 歲。

藏曆鐵龍年（1940 年）10 月 15 日，法王認證誕生於阿里地區一遊牧人家，時年 4 歲的男孩為喇嘛噶瑪‧謝拉‧哦瑟的轉世，他就是第二世的波卡仁波切。喇嘛噶瑪‧謝拉‧哦瑟生前最廣為人知的莫過於：他一生中曾經圓滿一千次的千手千眼大悲觀世音菩薩八關齋戒。

1945 年，年老的司徒仁波切前來楚布寺為第十六世大寶法王傳授更多的法教。他為 22 歲的讓炯日佩多傑授具足戒，同時教他屬於康楚羅卓泰耶《五寶藏》中的〈嘉千卡卓—廣大教言藏〉，這是蔣貢洛卓泰耶的著作全集，含藏經續如實、遍攝的義諦，還有佛陀教法的舊譯與新譯法，另外還有〈計歇昆卓—知一全解〉。

噶瑪巴又從烏金祖古仁波切得到大巖取者秋吉林巴傳承教法的灌頂和教示。

第二次世界大戰在這一年結束，全世界有 7,000 萬條寶貴的生命，葬生於此次的世界大戰中。嗚呼哀哉！但就藏族的苦難而言，並不因二戰結束而停止，相反的，它正悄悄地從東方慢慢地襲捲而來。

1946，這年的年初，大司徒仁波切為法王噶瑪巴傳授出家比丘戒，法王從此以清淨的比丘行儀，執持神聖且殊勝的釋迦教法。

第三章：鄰國弘法（1947-1958）

無懼朝聖路迢迢，足履佛陀聖蹟弘範各方

1947年，法王噶瑪巴在火豬年前往藏西，加持數個寺院，並再次來到不丹，此次造訪倍受不丹皇室的擁戴，幾乎拜訪了所有不丹境內主要的聖地；並再次地舉行黑寶冠加持典禮，給予當地四眾弟子廣大的加持。

　　朝聖之旅來到佛陀生平的幾個主要聖地：在尼泊爾參訪佛陀出生地藍毘尼園（Lumbini），並作廣大供養；在北邊為一萬多人舉行見即解脫黑寶冠法會，以滿大家的願。在印度則一路參訪了佛陀初轉法輪的瓦拉那西（Varanasi）——鹿野苑，佛陀證悟之地菩提迦耶（Bodh Gaya），並在附近的瑪哈嘎拉洞（Mahakala Cave），親見護法六臂瑪哈嘎拉；瑪哈嘎拉並當面允諾法王，將從此時此刻開始護持法王的傳承教法。接著法王來到佛陀入涅的拘屍那羅（Kushinagar），並應錫金國王扎西南嘉（Tashi Namgyal）之邀訪問首府甘托克（Gangtok），並在此舉行金剛寶冠法會，同時為信徒灌

頂。

1948年，藏曆陽土鼠年1月30日，噶瑪巴前往印度西北的聖地，在該處停留數日，並舉行了殊勝的蓮師薈供，數以千計的信眾前來領受加持。法會期間，當地許多信眾皆目睹石壁中爬出許多白蛇，昂首不動，似乎也在聆聽大寶法王開示；而附近湖泊則湧現如山的波濤，據聞，這是湖中龍神前來領受法益的關係。

一行人繼續往北走，經由喜馬偕爾邦的金腦爾（Kinnaur）和普讓，一路加持數座噶舉傳承寺院，以及當地的信眾。停留數日後，再度啟程前往岡底斯山（Mount Kailash），此山乃勝樂金剛不壞壇城之所在，代表無量幸福，為佛教聖地。這座山也是印度教的聖山，他們認為它是世界的中心點。噶瑪巴做了三次繞山儀式，為全世界祈求和平，每一次繞山都花了三天的時間。噶瑪巴也前往瑪納薩洛瓦（Manasa Sarovar）聖湖，在藏傳佛教中認為它是「不敗的碧湖」，法王也在此湖邊祈禱。在參訪了該區所有聖地之後，噶瑪巴取道藏東橫越西藏，最後在藏曆陽土鼠年（1948年）11月17日返抵楚布寺。

法王不畏朝聖路途的遙遠難行及旅程路上的艱辛不便，歷時將近五年的時間，走訪多個聖地、地區及國家，一方面宣揚釋迦教法，使教法長久駐世，另方面也讓已經學佛者道心更堅強，讓非佛教徒也能對佛法生起信心。時值第二次世界大戰（1939-1945年），每到一處聖地，法王總是一而再，再而三的祈求世界和平，希望世人遠離戰爭的殘忍迫害，佛法昌盛久駐人間，眾生都能從輪迴的痛苦中解脫。再者，也讓更多人認識藏族同胞的存在，以利日後大家逃亡所需，法王所踏過的每片土地，日後都將成為藏族在西藏以外的落

腳處，法王已經為大家把流亡海外安居的因都種下了。

1. 難捨摯愛怙主離世

1949 年，十六世法王邀請八蚌的蔣貢仁波切到楚布為他做更進一步的佛法教授及指導。蔣貢仁波切傳授了屬於《五寶藏》中的〈仁欽迭卓—珍寶巖藏〉，此教法包含了歷代伏藏大師所取的伏藏教法；以及〈大手印〉和〈那諾六法〉，前者為不共之心性指引，後者為氣脈明點之教授。

到了 26 歲這一年，第十六世大寶法王噶瑪巴，已經從司徒仁波切及蔣貢仁波切，得到所有傳承的教示。為了祝賀噶瑪巴對大手印的精通，八蚌蔣貢仁波切作了一首詩讚美噶瑪巴，仁波切在詩句中首先稱頌法王的功德，並提及法王是一位完美的大手印傳承持有者，也說道濁世眾生要解脫輪迴的深淵，除了釋迦教法外，別無他路可走。這一年，法王噶瑪巴尊第二世蔣貢康楚仁波切為他的佛部主，仁波切成為殊勝噶瑪噶舉父子黃金珠鬘傳承中一位珍貴的上師。

當時發生了一場天花的流行疾病，情況相當的危急，但在法王噶瑪巴修完「極祕密普巴金剛」的驅邪法後，終於得以控制。

噶瑪巴授予第二世波卡仁波切皈依及沙彌戒，並賜名「噶瑪涅敦卻基羅卓巴桑波」。

1950 年，噶瑪巴擔負起楚布寺和其他九個地區的法務和行政工作。這年的 10 月昌都戰役開始。經過 18 天的激戰，戰力只有八千的藏軍，終因寡不敵眾，及無法匹配的武器，徹底被中國軍隊擊潰。

這一年南北韓戰爭開打。

1951 年，7 月 28 日聯合國通過有關難民地位公約（Convention relating to the Status of Refugees），此公約旨在保護因為戰爭、種族、宗教等受到脅迫、傷害或可能被傷害的各國人士。日後藏人流亡海外也受這個公約的保護，特別是加拿大與瑞士，完全依於此公約的精神，給予藏人毫無條件的庇護。

隔年，法王噶瑪巴前往卡中寺（Karchung Monastery），[8] 進入該寺之前，他吐了一口痰在寺前的地面上。一位老婦人小心翼翼地將痰收集起來保存於嘎屋之中。數年後，她發現痰變成了珍貴閃亮的舍利，而且不斷地增生。老婦人慈悲地將增生舍利分給病患，經服用後病症皆不藥而愈。消息傳出之後，大家爭相乞求，老婦人一一慷慨分贈。奇怪的是，她的舍利從未減少過。

噶瑪巴在同年 10 月 17 日回到楚布寺，駐錫到年底。二月，第十一世嘉察仁波切捨報圓寂。八月，第十一世大司徒仁波切捨報圓寂。

1953 年，噶瑪巴決定到拉薩會見時年 19 歲的第十四世嘉瓦仁波切天津嘉措，並接受尊者時輪金剛的灌頂供養。同年 8 月 25 日，噶瑪巴回到楚布寺，將完整的秋吉林巴的灌頂、口傳、教授，全部傳給寧瑪巴敏珠林寺的瓊仁波切。其間，噶瑪巴完成了一部珍貴的西藏藥典甘露（Men-Drup) 的製作，並廣為流傳。這年，大寶法王也

---

8. 卡中寺為西藏國王松贊干布所建，越過優美的曲吉河就是哲蚌寺。在建造此寺時，國王親手豎起四個方位的石柱，並在四個方位都蓋起一座舍利塔，以彰顯佛陀教法並加持附近的土地。

為寧瑪大師，敏珠林寺首座——敏林仁波切（Mingling Rinpoche）傳授迭千秋吉林巴的巖藏法。

第二世蔣貢仁波切於這一年 5 月 10 日捨報圓寂。仁波切在遺囑裡提到，他要轉世到西藏中部，並由噶瑪巴認證。

烏金祖古仁波切在多年後回憶，當第二世蔣貢仁波切圓寂前，他剛好在楚布寺為第十六世大寶法王傳授新伏藏的灌頂。有天法王作了一個夢，他從夢中驚醒，事後他告訴烏金仁波切：「我看到一座由純水晶做成的佛塔，自浩瀚的虛空緩緩而降，我可以非常清楚的看到佛塔裡面，有一尊純金打造的釋迦牟尼佛雕像。夢裡，我站起來，想要抓住雕像。但就在佛塔即將落地時，卻又再次升起。我毫無機會，因為它已經遙不可及了，不久後就消逝在虛空深處！」大寶法王噶瑪巴接著說：「這輩子我視兩位大師為我的根本上師，一位是八蚌寺的司徒。當他圓寂時，我做了一個 似不吉祥的夢。今天早上的夢讓我想到，我另一位根本上師是否也圓寂了。」他指的就是八蚌蔣貢仁波切。

雖然烏金祖古仁波切一再安慰法王噶瑪巴，但法王內心仍舊感到不安，擔心他摯愛的怙主已經離去。幾個星期後，當噶瑪巴在拉薩訪問，並與嘉瓦仁波切作教法交流時，創古寺的信差策馬於途 20 天，趕路前來報告蔣貢仁波切已經圓寂的消息。法王噶瑪巴為此啜泣良久：「我的難過並不同於世俗之人，我是為了這個時代的眾生沒有功德保住這樣一位偉大的上師而難過！八蚌蔣貢仁波切真正是位已經超越了妄念的上師——實在是位難得的上師！——當他在世的最後幾年間，已完 符合了噶舉傳承上師所立下的了悟典範。」

這一年南北韓戰爭結束。美國的朝鮮（韓國）問題研究專家米歇爾（Michelle）披露，韓戰造成「朝鮮軍民死亡 300 萬人，韓國軍人和中國軍隊死亡 200 萬，聯合國軍對方面也是死傷纍纍。三年共奪走 503 萬 8 千條寶貴的生命。」一場戰爭造成幾十萬名兒童成為孤兒，數百萬人無家可歸，數百萬人終身殘廢。

2. 認證三位法子

1954 年，這一年有三位法子轉世。

6 月 17 日，大寶法王噶瑪巴、嘉瓦仁波切尊者、敏珠林瓊法王，及諸大喇嘛應邀前往中國，在北京受到當局的熱烈歡迎。由於法王對政治並不熱衷，所以先行離開北京，返回西藏。一路上法王噶瑪巴代表嘉瓦仁波切尊者，沿途訪問各寺院，並賜予教導及無上加持。

回到楚布寺，法王得到一個由護法瑪哈嘎拉示意，關於大司徒仁波切的轉世情形。他寫了一封預言信，準確的預告第十二世大司徒仁波切出生的環境和居所，其父親、母親名字等。仁波切誕生於東藏德格附近的白玉地區，是個務農的家庭。

接著法王噶瑪巴正式在八蚌為新轉世的錫度仁波切主持陞座大典。整個康區的僧眾、喇嘛和仁波切們，都聚集在此地一同慶賀。同時，噶瑪巴也授予大眾一連串的灌頂，包括了噶舉傳承的護法——瑪哈嘎拉的灌頂。當時有 13 位年輕的仁波切接受了這一系列的灌頂，這 13 位仁波切後來也都平安的離開西藏到印度，他們將來與噶舉傳承在世界各地的弘揚習習相關。當中包括了第十一世的秋陽創巴仁波切（Chögyam Trungpa Rinpoche, 1940-1987）及阿貢仁波切

（Akong Rinpoche, 1940-2013）。

噶瑪巴同時也以嘉瓦仁波切特使的身份在西康各地遊化，以安撫逐漸浮躁不安的民心。有許多噶舉的喇嘛和弟子都前來參加灌頂法會並受戒。

法王預言第十二世嘉察仁波切會在這一年誕生。預言信內容如下：

嘉察札巴嘉措之法脈，

於木馬年、在種種殊勝吉兆中，

靈童誕生於幸福家庭，

父名羅卓，母名卓瑪，

居於距楚布寺快馬奔馳二天路程之西部高原上。

當時認證嘉察仁波切時出現了個小插曲，依據法王預言信上所載，尋訪轉世仁波切的小組找到了一個大部分條件皆吻合的小孩，唯一不同的是，根據鄰人的說法其父親是秋嘉（Chogye），而非信上所載的羅卓（Lodro）。後來才知道，羅卓（Lodro）已經離開當地很久了，因此大部分的人都以為秋嘉就是父親，但法王以無礙的智慧，不但找到轉世的靈童，還指出真正的父親是誰。

藏曆 7 月 11 日，具有種種瑞兆誕生之靈童，被認證為第十一世嘉察仁波切之轉世。

大寶法王認證了於 10 月 1 日在拉薩出生的第三世的蔣貢康楚仁波切（1954-1992）。法王噶瑪巴在尋找第三世蔣貢仁波切的預言信函裡寫著：

在吾國中部由雪山所繞

父親名「德」母親名「貝瑪」

於一家系純淨的富有家庭

一個相好生於木馬年的男孩

無疑是蔣貢——昆盧遮那大譯師的化身

他將高張法教的勝利寶幢

一生奉獻於佛陀法教

尤其是岡波巴的傳承

家中親眷有七人

　　尋訪小組依據法王信上所說種種徵兆，前往拉薩小昭寺附近，尋找蔣貢仁波切的轉世，他們找到一位幾乎所有條件都相符的小孩，但有一點不同的是，這家只有六口人，無奈，只得無功而返。他們把情況向法王稟報，法王回道：「第七個還在媽媽的肚子裡。」也就是蔣貢仁波切尚未出世的弟弟。

　　至此，三位法王的心子已全部轉世回到娑婆世界，並皆由法王所認證。他們都出生於木馬年，除了第三世蔣貢仁波切外，第十二世大司徒仁波切、第十二世嘉察仁波切，皆在得到認證之後，很快就由法王親自為他們舉行座床大典。

3. 大寶法王的鈸

　　提到第三世蔣貢仁波切，從整個西藏來看，蔣貢仁波切投生的這個家族，可以說是西藏貴族裡的貴族，他的父親是撒盧倉家族的策令托嘉，母親名貝瑪尤準，是西藏政府內閣部長的女兒。他們除

了權勢之外還是最富有的貴族世家。雖然當時法王認證了蔣貢仁波切，但他的家族是富足的權貴，因此父母親並不那麼想要讓孩子離開他們去住在寺院，一方面是他們不放心還小的孩子，一方面是仁波切在這個家族倍受寵愛。不過依於第十六世法王的慈心與悲願，他還是為蔣貢仁波切取了一個殊勝的名字「羅卓丘吉辛給」，梵文為「瑪第達瑪辛哈」，意思是智慧法獅子，並供養法袍，以此認證他是蔣貢仁波切的轉世。

法王雖然給了認證，也致贈了些禮物給這個家族作為善妙緣起，但是他的家人還是不太願意將仁波切供養給寺院。當時有位赤嘉仁波切（Trijang Rinpoche, 1900-1981），他跟蔣貢仁波切的家族來自同一個非常有權勢的家族。這位赤嘉仁波切委婉地勸說：「大寶法王是遍知的，既然小孩是菩薩轉世乘願再來，也被認證了，你們最好趕快把他供養出去，否則可能會影響孩子的未來，這樣對你們、對噶舉傳承與孩子本身都不太好。」他為什麼要這樣勸這個家族？並說法王是無所不知的呢？

事實上，赤嘉仁波切是嘉瓦仁波切的老師。他有一個質地非常好、做工相當精緻，非常珍貴華麗的鐃，但美中不足的是他沒有鈸，所以他就在心裏想著：「如果我有一個鈸，就能把它們配成一對，這樣多好啊！可是品質要好到能跟我的鐃相匹配的鈸，可能只有噶瑪巴才有吧！」當然他只是在內心想著，並沒有告訴任何人。

幾天之後，有一個從楚布寺來的人，他帶著用莊嚴布跟哈達包好的禮物送給赤嘉仁波切。當他打開外面的包裝時，看到那個完全符合他內心所嚮往——噶瑪巴的鈸——真真實實地就呈現在他的眼

前。赤嘉仁波切感到非常驚訝「我只是心想，怎麼就事成了呢？」他並沒有跟任何人提到這件事，噶瑪巴怎麼會知道呢？從這件事，他確定噶瑪巴有神通，這也就是為什麼他會跟這個家族說：「這個小孩絕對就是轉世祖古，噶瑪巴是不會錯的。」

法王也曾經勸說：「千萬不要把他的一生給浪費了。蔣貢仁波切無疑是我們噶舉傳承很重要且非常偉大的上師，但是當上師也有身為一個上師必須具備的各種條件，外顯是上師，內在必須熟知三藏十二部、五明與心性，如果沒有人給予教授指導，那麼他這一生跟一般凡夫也沒有什麼不同了。所以應該儘快把他送到寺院來，讓他趕快步上成為一位具德上師應該有的教授指導。」

最後他的家人終於首肯了，但希望仁波切能在家裡跟家人再多待些時日，日後稍長一定會供養給寺院。

1955 年，噶瑪巴返回楚布寺後，著手建造邀請嘉瓦仁波切前來訪問的住所。嘉瓦仁波切一行受到盛大的歡迎，眾人並請求他傳予千手千眼觀世音的灌頂；嘉瓦仁波切則要求噶瑪巴舉行金剛寶冠法會。此次訪問期間，大寶法王向嘉瓦仁波切展示楚布寺豐富的舍利收藏，並為他舉行蓮師的金剛舞法會，嘉瓦仁波切則再以千手觀音灌頂回禮。就在這一場接著一場的教法盛筵中，嘉瓦仁波切尊者與大寶法王噶瑪巴不但作了教法上的交流、嘉惠具緣眾生，兩人更建立起彌堅的情誼。

此時，藏東的康巴和中國爆發戰爭，中國政府要求噶瑪巴前往昌都；教主的前往，果然及時遏止戰局的擴大，後經噶瑪巴調停，終於弭平戰亂。

噶瑪巴駐錫昌都期間，每天都有無數信眾求見，居處外車水馬龍；法王仍一一垂賜加持，同時更舉行多場灌頂法會，祈求昌都和平安樂，永無戰亂禍害。返回楚布寺之前，大寶法王噶瑪巴專程前往拉薩，向嘉瓦仁波切說明昌都之行的平亂經過。

這一年，法王授予創古仁波切、宗巴仁波切、蘇曼嘉旺仁波切比丘戒。

南北越開始進入戰爭期，這是自二次世界大戰之後，另一場極其殘忍的戰爭，整個越南陷入殺戮戰場。

1956 年，法王和隨行人員拜訪錫金，並在在首都甘托克受到國王與大臣們的歡迎。法王為大眾傳授灌頂及黑寶冠加持典禮，之後並繼續他的朝聖之旅。此次旅行，法王更加強了與他弟子錫金國王札西南嘉和不丹阿希汪嫫公主（Ashi Wangmo）的關係。國王邀請噶瑪巴去隆德看一看第九世噶瑪巴於十六世紀末在錫金創建的寺院。當時噶瑪巴因為還有其他已安排好的事要做，因此無法成行，但表達未來一定會去，而且會待很久。

尊貴的嘉瓦仁波切、班禪喇嘛及法王噶瑪巴，應錫金國王及印度摩訶菩提學會（Maha Bodhi Society）之邀，前往印度參加慶祝佛陀誕生 2500 年的慶典。一路上法王及隨行眾等人再度到各地朝聖。

當法王噶瑪巴來到佛陀成道的聖地時，有人介紹了富甲一方的當地仕紳——阿沙克家族（Ashak Family）跟法王認識。這個家族的事業有製造業、服務業等含括許多不同的領域，他們之所以來見法王是因為這個家族雖貴為富豪，但是沒有子息繼承家族事業，這件

事一直是他們的遺憾，他們懇求法王幫助他們能有個孩子。法王告訴他們，他們的願望一定能夠實現。之後，他們的孩子真的出生了，為了感謝法王的賜子之恩，從那時候起，無論法王到哪裡出訪，他們都會提供車輛與司機給法王使用，並供養所有隨行喇嘛們的膳宿。法王這些點點滴滴的示現，無非是慈悲與智慧的善巧方便，這也讓印度人開始重拾對佛法的信心。

法王噶瑪巴繼續前往尼泊爾，到達加德滿都的薩雅布那斯（Swayambhunath）自生大佛塔，這是尼泊爾最古老的佛塔；布達那斯（Budhanath）滿願大佛塔，它是世界最大的圓頂佛塔；以及佛陀因地時捨身餵虎的拿摩布達雅（Namo Budhhaya）。法王所到之處廣為大眾加持，並以密續海作廣大供養，並獻上殊勝法衣。他傳授四眾弟子成熟灌頂，並作解脫輪迴的開示，座下信眾無不歡喜信受，法喜充滿。

法王在這一年認證了第十四世的夏瑪仁波切（Sharma Rinpoche, 1952-2014）。

4. 離別前的相聚

1957 年，在經過長途的跋涉朝聖之旅後，法王返回楚布寺，此時西康再度爆發嚴重的戰爭，大量難民湧入西藏中部，他們來到嘉瓦仁波切所領導的西藏政府所在地，希望能得到更好的庇護。難民中有許多噶舉派的上師，例如，第九世的桑傑年巴仁波切（Sangye Nyenpo Rinpoche）、司徒仁波切、創古仁波切、察列仁波切等，以及他們的弟子，其中包括創古寺的喇嘛及堪布卡塔仁波切和其弟弟

（喇嘛梭南）等。由於不平靜的世局，大家齊聚在楚布寺，希望聽取法王噶瑪巴對未來何去何從的指示。

法王明白告訴大家，是離開故鄉西藏的時候了，但因著不同的因緣，大家離開的時機並不盡相同。但一樣的是，法王皆盡力為大家備辦路上所需之物資、馱運物資所需的馬及騾子，以幫助大家能順利抵達印度——那個與大家在西藏的生活環境大相逕庭的異鄉，但卻要在那裡展開各自不同人生的地方。

這年法王噶瑪巴從協千康楚仁波切那兒得到《龍欽卓頓－龍欽七論》的教法。《龍欽卓頓》是龍欽巴尊者所著的七卷有關大圓滿的殊勝教示。

無情的連天烽火，從西康逐漸擴展至中藏，於是噶瑪巴將司徒仁波切、桑傑年巴仁波切和大禪師卡盧仁波切送至不丹。這時年幼的八蚌蔣貢仁波切，則已經與家人前往印度的卡林邦（Kalenborn）了。然而身處戰亂地區的法王，看不出有要離開的意向。身旁的喇嘛及信眾敦請法王應該要考慮自身的安全，楚布地區似乎不宜久留了。法王說情況如果再持續惡化，他會到不丹去。法王真正的目的是要盡可能在楚布寺多留一些時間，以幫助難民，並撫慰他們驚恐無助的心。

5. 護法流下血淚

此時中共軍隊和康巴之間的戰事已激烈的展開，並且擴及全藏。有一天法王噶瑪巴走到位於楚布寺下方的護法殿，當中有一個護法大黑天的雕像，噶瑪巴將寫著問題的一張紙置於一副已有數世紀之

久的神聖面具之前。第二天，噶瑪巴及侍者們再度回去時，看到從面具的眼睛，尤其是左眼，流出了看起來像血的東西，這些液體足足裝滿了三個缽。噶瑪巴覺得這個預示很不吉祥。他向侍者說：「這個示現真令人心碎啊！大黑天似乎正在哭泣，並且流下悲傷的『血淚』。西藏的佛陀教法或許將會消失，這真是悲劇啊！」

所有跡象均在預示古老的西藏佛教文化即將如油盡燈滅般消失，曾經擁有無數成就者的這片淨土，即將失去這一切的輝煌，思及此，法王噶瑪巴甚為憂慮痛心，同時他也知道是到為了保存佛陀精純的教法，他必須離開西藏的時間到了。法王噶瑪巴將計劃告訴了嘉瓦仁波切尊者。

1958 年，藏曆 6 月 15 日，大寶法王為嘉察仁波切舉行圓頂儀式，當時朝日正好上升至東山之巔，法王表示，這是非常吉祥的預兆，賜金剛法名。同月 22 日，大寶法王再度親自來到嘉察仁波切所駐錫之楚布卓伽寺，為仁波切戴上金紅寶冠，並在國師之獅子寶座上完成攝政的陞座儀式。當時各地寺院也以隆重儀式來慶祝此一吉祥殊勝的日子。

同年，法王授予波卡仁波切比丘戒。

第四章：告別故鄉，建立海外道場（1950-1967）

為了法教傳續奔走他鄉，甘露滴水不漏倒回寶瓶

法王預知來自東邊的龐大軍隊夾以相對精良的武器，很快會挺進拉薩，就像是大片烏雲正快速地遮蔽天空，即將覆蓋住整個藏區，佛教寺院會遭受空前的破壞，於是噶瑪巴開始準備離開西藏，並已先照會嘉瓦仁波切他將於 1959 年春天啟程前往不丹。

2 月 4 日的午夜，十六世法王噶瑪巴換上在家人的服裝，帶領 160 多人及一些珍貴的舍利、典籍和法器離開了楚布寺。同行的有轉世的祖古，以及出家、在家二眾，包括第十四世夏瑪仁波切、第十二世嘉察仁波切、察列仁波切、大禪師竹奔天津、達楚仁波切、第十五世噶瑪巴卡恰多傑的佛母堪卓千嫫、法王的秘書多傑洛本托嘎仁波切。

法王一行人逃離西藏的路線是經由喜瑪拉雅山到不丹，一般的腳程應該是 20 天左右，為了把珍貴的佛陀法教、儀軌法本及殊勝的聖物運出即將被摧毀的西藏，他們只帶了兩週的糧食，以免隊伍中

攜帶的物品過多，引起中國軍隊的注意。雖然途中法王的座車受到中國軍隊的刻意破壞，但依於法王噶瑪巴的加持，他們的行程並不因此而被耽擱。尤其在經過藏南時，一行人得到當地居民很大的幫助。他們匆匆的訪問了瑪爾巴大譯師在洛扎的故居，以及密勒日巴尊者當年受瑪爾巴指示所建造的著名九層塔，噶瑪巴在此為大家修法，並做密勒日巴的灌頂。

當大隊人馬來到西藏與不丹邊界最後一個高山隘口時，已經是人疲馬累了，大寶法王告訴同行人員，大家一定要盡全力在當天一起通過此地。在當地人的指引下，大家邁著疲憊的步伐，慢慢往前，終於全部越過這難行而冰寒的隘口抵達不丹。就在他們一行人離開的夜裏，這個隘口開始下起大雪，兩邊的通道因而冰封，這讓一路追趕法王的士兵被阻絕無法通過。事實上，從法王一行人離開楚布寺開始，中國的軍隊就一直緊追在後，甚至當浩蕩的一行人剛離開的火堆仍留著餘溫，追兵緊接著就到了，但無論如何，手握精良武器的紅軍，就是始終趕不上手無寸鐵的逃亡隊伍。這一路上，如果沒有法王不斷的加持與指示，後果恐怕不堪設想。

離開楚布寺 21 天後，法王一行人終於到達不丹，但當時不丹的邊界也正發生戰爭，因此士兵們不肯讓他們進入不丹，在後有追兵，前進無路的嚴酷情況下，除了法王噶瑪巴之外，大部分的人都已經既疲憊，又顯得焦慮不安。法王不斷的安慰大家，並要大家帶著外出野餐的心情，享受不丹如畫的美景。果真三天之後，不丹公主阿希汪嫫尼師，遠從首都廷布（Thimphu）日夜兼程的趕到邊界，熱情招待法王一行人。不過由於公主一路上擔心邊界士兵對法王無禮，

怠忽了法王，因此兼程趕路途中不吃不睡，導致她的身體已經處在完全虛脫的情況下，當她一見到法王時，馬上就昏倒在地，還是法王安撫她，才讓她慢慢甦醒過來。

之後，法王噶瑪巴來到不丹的本塘（Bumthang），卡盧仁波切及其弟子也到扎西卻宗（Trashi Choe Dzong）來拜見法王，跟著司徒仁波切也來了。「扎西卻宗」位於旺楚河西岸，建於 13 世紀，意為「輝煌的宗教古堡」，整個城堡分成兩部分，一為政府辦公所用，一為宗教領袖修行之處。。

法王噶瑪巴在首都訪問了國王吉美多傑汪丘後，決定繼續南下前往印度。

法王特地來到不丹和印度邊界的巴克薩（Buxa），探望陸續從西藏出走的藏人。此地原是英國囚禁印度政治犯的集中營，位處偏遠荒蕪不堪。由於西藏政治上的變動，現在成為擠滿從西藏逃出來超過 1500 人的大難民營。許多不同教派的喇嘛也都齊聚於此地，他們不畏外在惡劣無比的環境，盡最大可能的把從西藏帶出來的法本、經論和典籍整理完備，一方面保存藏傳佛法的完整性，一方面也用於教育尚屬年輕的喇嘛及在家人，使藏傳佛教即使出了藏區，仍能延續不斷。日後這些經過整理的法本經典，也成了傳承上師們到世界各地弘揚教法的素材之一。

法王與錫金總理班雅沙喜扎西達杜在此地相遇，總理傳達了國王邀請法王噶瑪巴前往錫金定居的善意，並為噶瑪巴所接受。藏曆土豬年（1959 年）4 月 25 日，大寶法王一行人來到錫金首府甘托克（Gangtok），受到皇室和人民熱烈的歡迎。

國王問噶瑪巴，希望定居於何處？法王回答說：「西藏難民希望有朝一日能再回到自己的家鄉。此次我們無奈的離開了教法如日中天的奧明心輪榮盛的楚布寺，並非為了活命，或一己的安樂，而是為了要守護殊勝教法的餘溫，我們的教法被戰爭無情的洗劫之後，有如即將熄滅的火堆，因此需要一個足以將灰燼星火重燃的地方。所以最好的選擇，就是回到第九世噶瑪巴汪丘多傑曾在錫金建立的隆德寺，希望將流亡法座也建於此處。」

1. 噶瑪巴的缽在此

　　1959 年藏曆 5 月 5 日，噶瑪巴一行人前往舊隆德寺。不料隆德寺年久失修，猶如廢墟，半數屋舍湮沒於荊棘叢林中，既無適宜的住處，也無從舉炊做飯。喇嘛們不知如何面對這般匱乏窘況，噶瑪巴命人找來一張舊桌子，拿起隨身的缽碗，置於桌面，並說：「我的僧徒永不受饑餓之苦，因為噶碼巴的缽在此！」

　　之後，法王噶瑪巴為八蚌蔣貢仁波切舉行陞座大典，並為他剃度出家，賜予僧袍以示吉祥圓滿。並傳授噶瑪巴希上師相應法、紅觀音等諸多灌頂。這年冬天，十六世法王訪問印度，他首先抵達瓦拉納西，並在此處遇到於三月份離開西藏的嘉瓦仁波切尊者，接著又遇到當時的總理賈瓦哈拉爾‧尼赫魯（Jawaharlal Nehru），他對西藏難民的困境非常同情，並對法王噶瑪巴決定在隆德寺這個偏遠艱困之地，豎起釋迦法幢的壯舉深受感動，應允提供法王財力及法律上的協助。

　　隔年夏天時，法王噶瑪巴為大量湧進的信眾作了許多灌頂，給

予大家慈悲的加持。錫金和印度政府也捐錢贊助法王建築新寺。新寺位於舊寺旁,錫金政府供養了 74 英畝的土地,讓法王可以永久使用。該地有許多特殊的吉相,例如,前有七座山層層聳立對著它,有七條河流朝它緩緩地流過來;此外,背有靠山,前有雪峰,下方有河流盤旋而下,形狀宛轉如海螺。

第九世大寶法王噶瑪巴在數世紀前興建的隆德寺,在此時已荒廢破舊不堪使用,滿眼望過去只見荒煙漫草,甚至連馬路都沒有,只能從草叢中開闢出一條路,附近一帶非常落後,因此法王一行人在該地區能得到的支援並不多,許多喇嘛們甚至在一開始的幾年只能住在戶外的帳蓬中,大寶法王、仁波切們也只能住在竹子搭建的竹棚裡。當時陸續來到法王座下的僧俗二眾約估有 500 人,法王以慷慨的心,盡力的提供大家日常所需;以慈悲的心,關照著每個來到他座下的眾生。

當時錫金各地皆因邊境地界的紛爭而衝突不斷,當地居民也都無法真正的安居樂業。法王噶瑪巴、噶舉上師以及僧眾在臨時簡陋的居住環境中度過了許多年。這段期間他們一邊努力募集資源重建隆德寺,一邊幫助附近的居民,舒解他們離鄉背井及與親人分離的痛苦。依據大寶法王當時的規劃,所有的轉世祖古及僧眾都將在此接受噶舉的傳統教育,並共同致力於佛法的保存,以及弘法利生工作的推展,共同帶領一切眾生從輪迴的痛苦中解脫。

在此期間,法王認出了新的竹千仁波切、竹巴雍今仁波切、吉噶丘突仁波切、蘇曼嘎旺仁波切、宗南嘉楚仁波切、卓千波洛仁波切以及竹奔祖古秋吉林巴。

2. 因為慈悲，所以轉世；因為藏胞，所以選擇西藏

1961 年，法王在錫金寫下另一首詩歌：

楚布寺——那密嚴淨土的最勝境界，
它周圍的山是許多本尊的駐錫地。
觀音菩薩——慈悲的總集；
彌勒菩薩——未來佛。
多位忿怒尊、上師、本尊及空行母，也都聚集在此地。
噶瑪巴終將返回西藏的楚布，
廣豎勝利的法幢，
將佛陀教法再次的宣揚，
讓故土充滿喜樂的光明。[9]

這首寫於 1961 或 1962 年的詩，此處所指的就是第十七世大寶法王將來會在西藏轉世，並且會在楚布寺舉行座床大典，此世的大寶法王噶瑪巴將廣大弘揚佛陀的教法。第十六世大寶法王這首對自己未來出生的預言詩，已真確無誤的為轉世地點下了註腳。佛法也會因為大寶法王的再次轉世駐錫，在藏區燃起三寶光明的火炬，讓故鄉芬芳的土地繼續飄盪著釋迦教法的喜樂。

大手印不中斷的傳承，心性之美如詩歌般的宣流。法王噶瑪巴在此進一步談到，由於眾生不知道佛性的光明，因此一直在輪迴中過著黑暗的日子。凡夫眾生與諸佛菩薩皆具自心本性，唯一的差別

---

9. 文中詩作僅節錄大意，原作及釋義請見附錄三。

在於：前者執迷，後者了悟。一旦證知自性的光明，三界的幻惑迷惘就會自行慢慢瓦解。明白自心的空性及其不礙明性的顯現，在顯空雙融的保任中，我們也由凡夫身進入了菩薩位，了脫生死指日可待，出脫輪迴的時日在於自己的禪修力道深淺。菩薩的發心是在輪迴不空之際，將所有的眾生引領到究竟的彼岸，達到最後的和平喜悅。當一切的顯空雙融都自解時，「那達」（注：藏文音譯）是最後的痕跡，它是如此的細微，可以說是空性的同義詞，以此莊嚴所有眾生的慧命，在自解之中共同地喜悅起舞。

法王噶瑪巴在這一年設立了「噶瑪巴慈善信託組織」（Karmapa Charitable Truth, KCT）。這個組織的慈善內容非常的廣泛，包括了護持隆德寺、為醫療和教育計畫募集資金，以及資助僧眾和需要幫助的人們。

這年的五月，美國對越共發起——越南戰爭，同年，把德國阻隔成東西德的柏林圍牆，在八月的某個夜裡，一夜築起。

3. 篳路藍縷重建隆德寺

大寶法王噶瑪巴來到錫金已三年，隆德寺的興建工程才正要開始。錫金德高望眾的老國王逝世後，新主登基，清理舊寺院的工作開始展開。噶瑪巴指派他的秘書長當確雍度（Dhamchoe Yondu）負起了興建寺院的全責，錫金皇室除了提供土地的永久使用權，也供養大部份的重建資金；在噶瑪巴和印度首任總理尼赫魯會晤後，印度政府也提供經濟上的支助，以及為難民供應衣食。雖然有外界的各項捐助，然而仍不敷建寺所用，因此法王噶瑪巴亦將自身所有資

金全數投入整個工程之中，這一年整地的浩大工程於是得以開始。

所有僧眾與在家眾皆自動自發積極參與，誓願在最短的時間內，完成整地與興建的前置工作，不畏嚴冬酷暑，大家日以繼夜地辛勤努力，共計有 108 人每天工作 10 小時，終於在 540 天後完成鋪設地基等初期工程。如果以當時現有的工作人力，事實上並無法在相對不算長的時間內完成這麼浩大的工程，因此經過評估之後決定聘請臨時工人一同參與工作，大家通力合作圓滿達成任務。

新寺的基座大石，由噶瑪巴和錫金第十二任新國王巴滇通杜南嘉（Palden Thondup Namgyal）共同主持奠基大典。在置放基石之前，法王噶瑪巴已經帶領 250 多位的仁波切、祖古及喇嘛們，為佛法的繁榮興盛及廣大的利益如母有情，特別舉行傳統的法會，整整修了一個月特別的法。在所有相關的法會圓滿後，第十六世大寶法王噶瑪巴宣佈，他已將這片土地加持成為勝樂金剛的壇城。勝樂金剛乃密續最高的本尊之一。

依據最莊嚴的傳統藏式設計，新寺院於四年內完工，法王將新寺院命名為「噶瑪巴顛薩雪竹確秋擴林」（Shaydrup Kunkhyap Otong Khyilway Tsuklakhang），意思是嘉華噶瑪巴教主陛下法座與根本道場之所在，為廣佈教法及赤燄修持如千燈聚照的寺院——也就是現在的新隆德寺。當年由西藏帶出來的稀有珍貴舍利、傳承寶物及法器等，皆被妥善安置於新寺院中。

法王在隆德寺也設立了佛學院，提供喇嘛們研讀佛教哲學、經典和續部，並成立閉關中心作為禪修大手印及那洛六法等蘭諾，這些都是法王在新的隆德寺所要完成的佛行事業，好讓殊勝的佛法得

以延續下去。

當 1959 年，從西藏流亡到印度前，楚布寺的喇嘛們把寺院珍藏的聖物、佛像及唐卡逐一包裝好，放在牢固的木箱裡。為了逃亡路上攜帶方便，他們把原來用以保護珍貴的經典書籍的木製隔板或鑲板，全部都拆下來，經典書冊一捆捆的捲起打包，並在最外面再套上一層皮革加以保護。直到在隆德寺安頓下來後，當他們打開這些運送過來的物品時才發現，在匆忙間，有些木製隔板被打包帶來了，典籍卻還留在西藏。或許這也預示了有朝一日，弘揚佛法的上師們要從海外再回到藏區，把曾經在當地盛極一時的正法，再度宣揚，畢竟在藏族的身體裡，佛法的血液已流動數千年了。第十六世大寶法王早說了，離開西藏是暫時的，有一天我們還要回去。典籍已經準備好了。

1960 年的暮春，隆德寺草木新發一片生機盎然，法王把過去在西藏時，從第十一世大司徒仁波切及第二世蔣貢仁波切處，陸續領受的五寶藏中的《噶舉密咒藏》，開始為新轉世的第十二世大司徒仁波切、第三世蔣貢仁波切、夏瑪仁波切、第十二世嘉察仁波切等四位法子，和桑傑年巴仁波切、頂果欽哲仁波切等約 15 位的祖古、仁波切、上師，及 100 多位僧眾及其他信眾講授。

噶舉無間斷的黃金珠鬘傳承，雖暫時從西藏的楚布寺遷徙到錫金的隆德寺，但內涵及生命完全沒有改變，依然然閃爍著光芒。純正的教法甘露從寶瓶滴水不漏的倒進另個寶瓶中，法脈得以延續，教法得以宣揚，嘉惠無量無邊的有情。法王正為釋迦教法寫下另一傳奇的新頁。

1962，桑傑年巴仁波切化空圓寂。竹慶本樂仁波切化空圓寂。

1963 年，噶瑪巴認證了在不丹巴羅（Paro）虎穴寺（Tiger Nest Monastery）附近出生的第十世桑傑年巴仁波切（Sangye Nyenpa Rinpoche）。

由於大寶法王的私人祕書阿尼帕嫫的幫助，秋陽創巴仁波切獲得獎學金，與阿貢仁波切（A-kong Rinpoche）一同前往英國牛津大學深造。

1964，這年的四月，在取得西藏流亡政府及嘉瓦喇嘛尊者的同意下，法王特別為中斷幾個世紀的夏瑪仁波切傳承，舉行坐床大典。

在 1965 年這一年，四大法子全部都回到了隆德寺，法王以無比的愛心照顧他們生活上的點點滴滴。從晨起的穿衣吃飯，接著的受教學習，一直到夜裡蓋被就寢，法王恰似一位和藹的母親般無微不至地照顧著他們。

然而，在使這些法子們成為具格轉世上師的各種教育課程和修為學習上，法王就像一位嚴格的上師般地要求著他們；法王子們也都以精進勤奮來報答噶瑪巴對他們在世出世法上的不共恩德。就像過去的歷史一樣，純正傳承的甘露又倒回原來的寶瓶。教法的芬芳飄散到世界各個角落，已是指日可待的事了。春來杜鵑的輕啼聲，人們不可能聽不到；春風帶來佛法的溫暖，將飄洋過海吹醒眾生的輪迴大夢。

在這偏遠的深山裡，法王帶領著四大法子焚膏油以繼晷恆兀兀以窮年、蘊釀著佛法的另一個新紀元的開始。

4. 勝樂金剛壇城在人間

　　隆德的雪竹碓擴林（Shedrub Chokhor Ling）的重建工程，在僧俗二眾經過四年的努力，於藏曆火馬年的第一個月的第一天（1966年3月）完工。噶瑪巴踏進五百年前的寺院，正式為隆德寺舉行殊勝圓滿、莊嚴吉祥的傳統開光大典，此寺被稱為「法輪中心，祛除無明，成就佛果噶瑪巴的主寺」。

　　這座展現西藏古代傳統建築風格的四層樓寺院，其周圍為僧寮以及一個寬闊的廣場所圍繞著。寺院之頂以金瓶嚴飾，此金瓶包含了五個部份，象徵著五佛部。由下往上是：蓮花象徵阿彌陀佛、法輪是毘盧遮那佛、金剛鈴代表不空成就佛、寶瓶是不動佛、而寶珠則是寶生佛，在寺院三樓的頂端有一個佛教「雙鹿法輪」的標記。有關這方面的故事記載如下：佛陀當年達到正等正覺之後，自忖所證之法甚深難解，即使想為人宣說也徒勞無功，因此打消說法的念頭，之後進入甚深禪定49天，大有入涅的意思。大梵天與帝釋天以其神通知道了佛陀的心意，於是，大梵天王持著千幅金輪，帝釋天王也拿了右旋的白海螺，他們以此向佛陀獻供，並請求佛陀傳授佛法。佛說他將以三個階段轉動法輪；就在此時，有兩隻鹿從附近的山林中出現，並且直視著金輪。因此，金輪便象徵佛陀的教法，而代表大梵天和帝釋天的鹿則代表其弟子。此外，鹿的姿態亦具有其特殊的意義，例如上仰的臉表示聆聽，專注的凝視代表思考，而坐跪的姿勢則表示禪坐。為了將此事做一具體的展現，法輪和雙鹿便常出現在寺院的頂上。

　　在主殿的一樓與二樓，有六個勝利的寶幡為飾；勝利意為克服

四方的邪惡力量。大殿的入口繪有四天王像，它的傳說是這樣的：在佛證覺後，四大天王趨向佛前，誓願在未來會保護一切僧院和寺廟，以鎮守清淨伽藍。經典記載四大天王常駐須彌山，他們各據一方，分別保護東西南北四方的眾生，他們的手上所拿的不同樂器或法器各有其義，其中的北方多聞天王又叫施財天，是印度的財神，至於象頭財神的壁畫也有一個特別的意義存在，因為十六世法王噶瑪巴在一個勝觀中，曾看到象頭財神協助建寺。

寬闊的大殿由四支紅色的大柱所支撐著，柱上掛著圓形的絲幡，以及古繪的唐卡。壇城的中央主尊是釋迦牟尼佛，兩側分別有智慧第一的舍利弗，與神通第一的目犍連。主尊佛像的兩側另有 1000 尊泥塑塗金的小佛像，[10] 提醒我們賢劫千佛的降生。

此外，甘珠爾（經藏）和丹珠爾（論藏）也莊嚴了整個大殿。甘珠爾是佛陀所宣說的教法，以藏頁書寫的方式由梵文譯成藏文，包涵了經教與密續兩個部份。丹珠爾則是印度早期對佛法論釋的藏文翻譯結集，共有 225 大卷，依不同版本而稍有差異。

大殿兩旁的壁畫繪有八大菩薩及十六羅漢，這十六羅漢都是佛的弟子，佛陀臨入涅槃時，特別囑咐十六羅漢保管法典。還有二勝六莊嚴──「二勝」是指古印度精通佛教最勝根本，即戒律學的兩大論師：釋迦光菩薩和功德光菩薩；「六莊嚴」，是古印度六位大成就者，分別是：精通中觀學的龍樹和聖天，精通對法學（或稱瑜

---

10. 編譯注：此 1000 尊佛像是在 1971 年所塑造。

伽行唯識學派）的無著和世親，精通因明學的陳那和法稱。

在主尊佛像的前面便是第十六世大寶法王的寶座，以及四法子的法座。金剛上師、維那師以及僧眾在修法時，是坐在舖著紅毯的貼地長板凳上。掌堂師則監督大殿裡面的動靜和僧眾的律儀。修法時，僧眾常要在佛前獻供包括食子的七供以累積功德。食子又分為兩種，一種是做為觀想的對象用的（代表本尊），另外一種則用來供養本尊。食子通常是用奶油、麥片、麵粉或米飯製作，再塗上染料或顏色，讓它的外觀顯得十分莊嚴，讓信眾對法生起信心與虔敬。

大殿的右後方是護法瑪哈嘎拉與瑪哈嘎立殿，當中供養了瑪哈嘎拉與瑪哈嘎里，瑪哈嘎拉是噶舉傳承的特別護法，僧眾每日在此修持護法的儀軌。大殿的左後方有噶舉傳承的女性護法——長壽佛母殿，另外有一處忿怒蓮師殿。

5. 在隆德寺繞行的「禮敬利益文」

隆德寺廣場也是舉辦金剛舞的地方，中央有一根方柱，上面記載了由法王噶瑪巴以藏文所寫，有關隆德寺的歷史及禮敬繞行此寺的「禮敬利益文」：

> Namo Mahagurave ——向偉大的上師致敬！
> 錫金，位於印度與西藏邊界的這塊土地，是佛陀教法神聖的隱密修行之處。在賢劫第二佛住世時，由偉大的蓮花生大士，以他的身、語、意金剛智慧，給予此地加持。經由之前蓮師本人珍貴無謬的心願及我們後來的不懈努

力，這座用以廣佈教法及赤燄修持如千燈聚照的寺院已經完成了，它將用來保存佛陀尊貴的教法，釋迦教法為了世界上所有的眾生靜靜地存在著，它是所有利益和幸福的來源。

在為這座建築奠基之前，我進行了慣例的消除障礙的法事儀軌，在勝樂金剛的儀式上，我用了壇城砂加持了這個地方，讓它成為智慧的壇城。像這樣及類似的加持已經在此地進行很多次了。

圖說：第十六世大寶法王在隆德寺所撰「禮敬利益文」石碑。

（照片提供／灣區師姐）

在這個無法匹敵的解脫修行之處，許多佛像是根據傳統的經典和密續提到的方式所呈現出來，它們具有觸即解脫的功德。因為寺院供養了這些不可思議的佛像，我們經由正確無誤的行為，透過大禮拜及繞塔，就能累積不可思議的功德並且去除障礙。這些功德可以迴遮疾病及其他問題，並讓我們增長壽命，積累財富及滋長修行的證悟。這些善業功德會為我們種下解脫的種子，並關閉投生惡道之門。在將來與第六佛——獅子吼佛——一起投生成為他身旁的眷眾，享受他傳授法教的芬芳並進入不退轉的境界。就像佛陀無謬的陳述，我們對這件事要無庸置疑地確信。

佛陀教導我們累積功德善業，特別是在藏曆每個月的第八天、第十天、第十五天、第二十五天及第三十天，這幾天的善業功德的力量特別地強大。尤其是在神變月（佛陀示現神跡）及薩噶月（佛陀出生成道涅槃），還有六月的第四天（佛陀初轉法輪），九月的第二十二天（佛陀從兜率天返回人間）等日子。

因此，為了讓自身所擁有的閒暇和資糧得到最好的利用，在家人可以在此時虔誠的禮拜供養及繞寺——隆德寺，或是禪修生起與圓滿次第，也可以住在寺院裡進行精進的修行，毫無疑問地，功德就會如前所述般的出現。

這是我最誠摯的祈願。

這個祈願是在所有諸佛菩薩遍知的智慧下所見證。

第十六世大寶法王讓炯日佩多傑寫在藏曆火馬年（1966 年）

6. 佛陀教法新頁的開始

隆德寺是以最美觀的傳統藏式風格設計，牆上有豐富的壁畫及浮雕，當時的錫金政府特別頒給祕書長建築設計獎。在錫金，這是第一座完全依照西藏傳統所興建的寺院，它也成為此後在印度興建寺院的典範。

隆德寺內外硬體設備正式完成之後，法王噶瑪巴將對這所寺院注入新的生命與精神，法王對四大法子及喇嘛的教育，成為他日常

生活中至為重要的活動。對四大法子而言，這是上師與弟子間的心續相繫，這樣的互為師徒已非一生一世了，是多生多劫的往昔生中的誓願，他們這種關係遠比師生的情誼更為深遠具義。弟子從內心深處對上師發出虔誠恭敬，而展現在他們面前的上師，絕非只具色身的凡夫，是真真實實的佛。

1967 年，應不丹前國王之請，噶瑪巴與隨從蒞臨不丹首都廷普（Thimphu）。停留期間，噶瑪巴曾到巴羅（Paro）峽谷的塔克桑寺（Taktsang Palphug Monastery）或稱虎巢石窟寺（Tiger Nest Monastery）朝聖，此地以蓮師的聖跡而聞名，據說當時蓮師騎虎而來，降伏在此地作亂的惡神妖魔，數月後，留下金剛杵不知其所蹤。同時，噶瑪巴又參訪附近的曲吉寺（Kyichu Lhakhang），並在此舉行特別的法會，祈求世界和平、正法住持無漏、廣傳弘揚於人間。

曲吉寺據信是西藏國王松贊干布於西元 659 年所建，用以迴遮阻撓佛法傳入西藏的巨大食人魔的障礙。從歷史我們得知，松贊干布在文化意識上的覺醒，可歸功於他的兩位妃子。一位是尼泊爾加德滿都的赤尊公主（Bhirkuti），她引進了喜馬拉雅的佛教傳統；另一位則是唐朝文成公主（Mung-chang Kungco），將古中國智慧寶藏注入西藏。文成公主翻山越嶺橫越草原，為她的夫婿帶來了中國的經典、文學以及醫藥卜筮的典籍。

當文成公主前往雅礱的路途當中，許多的艱難障礙橫亙在她的面前。她在淨觀中照見一個龐然女魔仰臥在地上，她的四肢恣意地伸展跨越喜馬拉雅，其中一肢伸入不丹的巴洛地區，另外一肢則是攤在藏西地區。當文成公主到達雅礱的時候，她將所見到的情況稟

告她的新婚夫婿。基於體認到新婚妻子帶給他的寶藏所蘊含的珍貴法益及其重要性，松贊干布下令在女魔的要害、腳踝、手腕及軀幹上興建 13 座鎮魔寺，目的是永遠地箝制住這個女魔，防止她反撲報復。拉薩的大昭寺就是蓋在女魔的心輪處，文成公主所帶來的釋迦牟尼等身佛像到現在還供奉在寺中。像這樣現存的寺廟還有位於澤當鎮的昌珠寺，以及位於不丹巴洛的吉曲寺。

法王噶瑪巴建議不丹國王，應該在本塘建立起弘揚釋迦教法的寺院。之後由皇后的祖母將不丹國王及皇后在扎西秋林（Tashi Choling）的皇宮以及土地供養給法王，希望法王能在此建立起轉動法輪的道場，讓佛法在不丹更為興盛，法音普傳十方解脫有情眾生。寺院落成後，法王提名為吉祥寶法寺（Dungkar Tashi Choling Monastery），就在本塘附近。

法王應邀前往加爾各達參加世界宗教大會並在大會上發表演說。

在英國的創巴仁波切及阿貢仁波切，受約翰斯通家族信託（Johnstone House Trust in Scotland）在蘇格蘭之邀請，前往當地接管一個禪修中心，這兩位仁波切成為噶瑪噶舉傳承在蘇格蘭的開山始者，此禪修中心就是後來的桑耶林（Kagyu Samye Ling），也是在歐洲的首座藏傳佛教寺院。

第五章：失落年代找尋心靈的故鄉（1968-1974）

今日尋訪心靈的怙主，他日密乘西傳的導師

1968 年，法王噶瑪巴，除了教育四位法子、祖古及喇嘛們之外，也接見從世界各地湧進對淨化心靈、尋找迷失的自己或對佛法有興趣的各國人士。60 年代中期整個歐美，因為唯物主義的壓倒性的同質化和壓力，造成許多人開始反主流社會的物質理論，年輕一代公然反對民族主義的狹隘，抗議越戰的不人道，他們無視世人的眼光，穿著隨便，舉止隨意，他們抽煙吸大麻，但他們也開始尋求精神層面的寄託。他們絡繹不絕的來到神秘古國印度、尼泊爾，尋求瑜伽士給予他們心靈上的慰藉，並探討生命的本質與意義，人人都在試圖尋找自己內心的香格里拉。有些熟門熟路的嬉皮們，還會互相交換來印度必見的大師名單，他們笑稱，如果這些大師沒見過就等於沒來過。無庸置疑地，這群穿著紅色袈裟來自最後淨土的西藏喇嘛，絕對是他們想一探精神層面，最不容錯過的對象。

1. 追尋愛與和平的年代

　　許多來自世界各地追求心靈自由的人士或反世俗的嬉皮，按照各自的業力或願力，紛紛前來拜見第十六世大寶法王噶瑪巴。他們很多人回憶與法王第一次互動時，往往被法王的人格，或其人格特質所展現出來的景象而撼動。英國作家麥可荷林斯黑（Michal Hollingshead）宣稱當他第一次被法王碰到他的頭頂中央時，他體驗到了人類心識最非凡的時刻之一。他感覺自己完全且徹底地被淨化了。那就好像是神妙的閃電夾以百萬伏特的電荷般穿透了他。他說：「如果說有活生生的神，那就是噶瑪巴，這一點我絕對確信。」

　　華德荷姆斯（Ward Holmes），也是早期前去印度拜見法王的西方弟子之一。他說有一天他和法王在一個房間裡，突然從噶瑪巴座位後面的窗戶傳來一聲巨響。華德跑到外面看到一隻撞上窗戶已經掉在地上的鴿子。他把鴿子帶進房間，噶瑪巴看著鴿子對他說：「喔，對了，這是我的弟子，牠想要死在我面前，現在牠會直接投胎為人。」華德說他對法王口中的這席理所當然的話，除了目瞪口呆之外，實在不知道應該說什麼才好。

　　美國境內掀起大歸模的反越戰活動，影響遍及全美。

　　從 1960 年到 1970 之間，約有 200 位加拿大的信眾，陸續在他們的上師阿難達菩提（Ananda Bodhi）的帶領下來到隆德寺朝聖，他們都是屬於小乘的實修派。在拜見法王及接受法王的加持後，阿難達菩提及其弟子請求大寶法王給予他們剃度，成為法王座下的僧侶。阿難達菩提被給予噶瑪南嘉「Karma Namgyal」之名。後來，

大寶法王認出阿難達菩提為西藏一位高僧的轉世。日後他在法王的建議下開始修持大乘與金剛乘，在他的努力精進修持下很快地熟稔了三乘法門，日後他為弟子授課時，三乘法教運用自如。他也就是日後為人所熟知的南嘉仁波切（Namgyal Rinpoche, 1931-2003），他在多倫多的鄉間創立了第一個加拿大的噶舉寺院。

1969 年夏天，美國阿波羅十一號太空船，第一次成功地將太空人送上月球。

一群反戰人士在美國紐約上州的屋斯達克（Woodstock）舉辦了三天的和平與音樂大型集會，50 多萬人從美國各地來到這裡，透過音樂表達對越戰及資本主義造成的價值混亂的抗議。人們此時最想找回的是往昔的純真與心靈的寄託。因緣際會，幾年之後法王將在這個小鎮的山上建立起在北美的首個主座——噶瑪三乘法輪寺（Karma Triyana Dharmachakra，簡稱 KTD）。

約翰藍儂（John Lennon）在這年創作一首舉世聞名的歌，從頭到尾的歌詞只有一句「Give peace a chance」——給和平一個機會。人人會唱，是每個人內心的渴望，這句經典成了反越戰的聖歌，一直傳唱到今日。和平不來，歌聲不歇。

印度總統尼蘭桑吉瓦雷迪特地前往錫金拜見法王。

2. 有人想解脫，有人當小偷

這一年年中，法王受邀前往尼泊爾弘法，當時候整個尼泊爾，各方面條件都還相當貧乏。那時有一位信眾，名字叫做安里嘛（音

譯），他可以說是一個大生意人，也可以說是一個大盜或說是小偷。由於當時尼泊爾很少人有車子，安里嘛剛好有一部車，因此不管法王到那裡，他都會載著法王。他還在車頂上放了一個轉經輪，他自己右手也拿個轉經輪，左手拿著念珠，就這麼開著車載著法王到處弘法利生。

有一天，法王就開他玩笑說：「你幫我開車，你的一隻手拿著轉經輪、另一隻手拿著念珠，看起來好像很誠敬，不過你心裡有什麼計劃我都知道。」法王為什麼這麼說呢？這個人雖然看似虔誠地載著法王，也整日轉動經輪、撥動念珠，然而，他的內心另有一番世界。事實上他真正想要做的是：去偷大寶法王那頂世上獨一無二、無價之寶的黑寶冠，法王洞悉他的盤算，才會突然跟他說：「你心裡有什麼想法我都知道。」

法王基於慈悲，仍然讓他繼續開著車子載著法王四處弘法。有一天安里嘛請問法王說：「我現在有個計劃想要去做，但不知道能否成功，因此想請您幫我卜個卦。」法王回道：「我幫不幫你卜這個卦其實沒有差別了。但我勸你最好停止。如果你正在計劃想要去做的這件事不停下來，那你的這一生就完全被浪費了。」當然他在問法王這個問題時，他已經放棄想要偷黑寶冠的想法和計劃，因為他知道自己是偷不到了。

但是，他又有了另外一個計劃。他想要去桑窟的一個地方，偷一尊很古老的金剛亥母塑像。雖然法王已經給他最後結果的忠告了，但他顯然並沒有聽進去，還是跑去偷了。他把偷來的金剛亥母的塑像放進他的車子時，被機警的香燈師發現了，香燈師飛快的跑去敲

鐘，警鐘一響全村的人都跑出來了，當然他被送進了警察局，最後就死在監獄裡面了。

這年秋陽創巴仁波切離開英國，受邀前往美國的科羅拉多大學教授佛法，並開始創立佛法中心。美國反越戰活動在這一年引爆全美第一次全面大罷課。

3. 受邀出訪歐美各國

1971 年，隨順來自各國的虔誠佛教徒之請求，噶瑪巴於新落成的隆德寺舉行大藏經的口傳、並授予各種灌頂。同年，塑造了一千尊八寸高鎏金釋迦牟尼佛聖像，最特別的是每一尊佛像都裝臟了一顆釋迦牟尼佛的舍利子。另有印度八十四成就者、西藏六大成就者以及所有佛教傳承祖師等聖像，並以多種聖藥、珍寶等，如法裝臟，灑淨、加持、開光。

南嘉喇嘛在這一年受封為南嘉仁波切，他帶領加拿大弟子 100 多人，再次來到隆德寺覲見法王，恭請法王於 1973 年前來弘法，也為加拿大的噶舉佛法中心（Dharma Center of Canada）舉行開光典禮，他們樂意供養法王及全體隨行人員的食宿機票。這次的造訪敦請，直接促成了法王的第一次世界弘法之行。

隔年，法王噶瑪巴展開了另一次密集的全印朝聖之旅。隨侍者有第十四世夏瑪仁波切、第五世本洛祖古，以及新隆德寺眾多喇嘛僧眾；巡禮菩提迦耶、鹿野苑、桑淇、阿薑塔、依羅拉以及納嘎久納薩噶爾等聖地，然後返回錫金隆德寺。來自各地的無數信眾皆到錫金隆德寺拜謁教主噶瑪巴陛下，並且領受加持，大家歡喜信受。

　　1972 年，以藏曆算法，法王在這年進入 49 歲，在藏族的傳統這是屬於「軋」年（本命年）也就是凶年的意思，可能會出現歲壽或其他方面的障礙。為此，大伏藏師第六世明就多傑仁波切特地率領德噶僧眾數十位，為法王修持忿怒蓮師的食子迴遮法會，修持的過程示現了障礙已被去除的徵兆。

　　1973 年，法王噶瑪巴在藏曆神變月的十五日，為大司徒仁波切、蔣貢仁波切及嘉察仁波切傳授比丘戒。由於世界各佛法中心的不斷敦請，法王噶瑪巴指派尊貴的卡盧仁波切，就法王即將出訪的歐洲及美國等地區進行了解。卡盧仁波切銜命特地到了蘇格蘭的桑耶林、歐洲、美國等城市及地區，一方面讓西方世界更了解佛法，把佛法的枝葉脈絡伸向更廣、更深的方向，一方面也為法王即將的到訪預作準備。

　　1974 年，年初，加拿大的南嘉仁波切，接獲法王透過他的私人秘書寄來的信，應允他的邀請，並表達想要訪問的路徑，希望從美洲開始，之後到歐洲、回到亞洲，再返回印度。法王噶瑪巴並希望南嘉仁波切能跟在美國的秋陽創巴仁波切聯繫法王前往弘法事宜。當創巴仁波切一聽到法王要前來西方弘法的的消息，馬上隨喜四張頭等艙的機票，分別給尊貴的法王本人及其侍者、法王私人秘書帕媄比丘尼，另一張是給殊勝無比的智慧黑寶冠。

　　卡盧仁波切則早在法王啟程出發之前，已先率領一群包括五位剛圓滿三年三月傳統閉關的不丹喇嘛，十幾個人浩浩蕩蕩的遠赴歐洲。他們的行李除了法本、唐卡之外，還帶著法會要用的全套的儀式用品及法器。這群年輕喇嘛對於在西方弘揚教法充滿熱情，面對

任何人總是笑容滿面。他們在月圓之夜抵達桑耶林，寺院位在清清河水蜿蜒繚繞流經的群山裡，環境典雅清幽，在澄澈無雲的寧靜夜晚，這群身穿紅袍的喇嘛們，錯落地坐在寺院的臺階上，就著月光敲擊著柄鼓、鐃鈸，吹奏起長長的號角、法螺、筒欽和嘎鈴，西藏特有的法會樂器及音波，就在那個深夜，透過月光響徹了整個歐洲的山谷，或低沉或昂揚，盪氣迴腸，那聲波輕輕震動了許都多人的沉睡大夢，並徹底改變了整個歐洲對佛法、對宗教聖樂的看法。而那潺潺不絕的甘露水，隨著鈴鼓法螺聲，靜靜的流進了大地，流入大家的心續中。卡盧仁波切為法王弘揚教法的前行布局及探勘，算是相當的圓滿成功，佛法的種子已經陸續的播下了，豐收只是早晚的事了。

當初那一批又一批想盡各種辦法，乘坐各種交通工具抵達隆德寺，以尋求心靈解脫與慰藉的西方人士，雖然有部分人是衣冠楚楚，但絕大部分的人是嬉皮之風的先驅者，雖不致於蓬頭垢面，但披頭散髮甚至驚世駭俗，然而由於他們遠度重洋學習藏傳佛教，尤其是當中的禪修方式，為密乘的西傳埋下深廣的緣起，也為釋迦教法在歐美的弘傳寫下新頁，他們當中許多人都將成為日後藏傳佛教在西方弘揚時不可或缺的角色。

第六章：初轉法輪於世界各洲

金剛寶冠初傳西方，噶瑪巴聲名遠播

第十六世大寶法王噶瑪巴按照計劃，在 1974 年展開首次世界弘法之旅，在這五個月的遠行中，他訪問了美國、加拿大和歐洲。此次隨行法王出訪的有隆德寺的上師天噶仁波切、隆德寺的維那師及他的翻譯和私人侍者、秘書阿尼帕嫫，以及七位喇嘛所組成的 12 人世界弘法團，為藏傳佛教有組織、有系統且充滿解脫眾生慈悲的西傳，踏出歷史性的第一步。

大寶法王噶瑪巴在西方舉行許多次黑寶冠加持典禮、灌頂並給予佛法指導。所有的加持都才要開始，這個加持將在輪迴不空之際持續著，生生世世永不消失。每個被黑寶冠加持過的眾生，皆種下見即解脫的種子，他們的人生從此不一樣。解脫的漣漪持續的盪漾著，將席捲五大洲七大洋。有海洋處必有土地，有土地處必有苦難，有苦難處必有噶瑪巴的足跡。因為觀世音菩薩聞聲救苦，為三千大千世界的眾生遍灑清涼甘露，這是他無限的慈悲與願力。

釋尊解脫眾生的法輪，從此轉動於無邊的娑婆世界，法王所接引的眾生如潮水般湧動，到彼岸的法船已啟航，釋迦教法的大法輪從此在歐、美及亞洲轉動了另一紀元響徹雲霄遍及十方的法音，藏傳佛教的寺院及道場也因為法王及噶舉上師的一再宣訪，在世界各地如雨後春筍般的建立起來。法音廣傳三千大千世界，讓陷入深不可測的黑暗輪迴中的眾生，看到百千萬年來第一道明亮溫暖的光芒。

　　佛法的海岸線從此沒有了邊際，一波又一波的傳法上師在法王的指揮調度下，遠赴重洋，分別前往陌生的國度，把佛陀對眾生的慈悲發揮得淋漓盡致。噶舉傳承的上師們也將在法王的指示下，在世界各地遍豎法旗、廣轉法輪，為眾生揭開彼岸風光的一角，讓世人瞥見透過修持，自我拯救的希望。

　　第十六世大寶法王對一切眾生的關愛，就像日月般恆放光明，不分晝夜恆常守護。誠如第三世蔣貢康楚仁波切所開示的：「尊貴的大寶法王噶瑪巴是一切三世諸佛的化身，他已經證得無上菩提，但為了拯救還在輪迴中受苦的眾生，他選擇一再地轉世回到黑暗的世間。在這黃金珠鬘的傳承，他以自我認證的方式不停地轉世，就是為了利益所有的眾生，他的聲名就如同日月一般，璀璨遍照永垂不朽。」

1. 度母的禮讚：金剛寶冠

　　在十四世紀時，明朝永樂皇帝在一場法會中，看見一頂由十萬位空行母的頭髮所織成的黑色金剛寶冠，在第五世噶瑪巴德新謝巴（1384-1415）的頭頂上盤旋；皇帝體悟到這是因為依於他的虔敬以

及法王慈悲的加持，才能見到這頂可以幫助他開悟的法冠，因此他發心做了一頂完全相同的寶冠供養給法王噶瑪巴，使人人都可以看到它，並獲得加持。

　　歷代大寶法王之金剛寶冠，或稱「黑寶冠」，涵藏了甚深之表徵意義。寶冠之形狀與莊嚴象徵了歷代大寶法王的證悟德行。

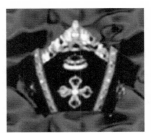

不變的法界 [11]

　　金剛寶冠為深藍色；代表所有一切現象不變的真實本性：法界。證悟亦是不變的，就如同虛空一般。在這裡是是以深藍色作為「虛空」的表徵。

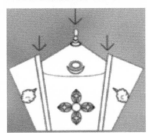

三身

　　金剛寶冠（黑寶冠）頂上之三端點。一點位於中間，另二點位於二邊。其意代表：自然自生呈現之三身——法身、報身及化身。

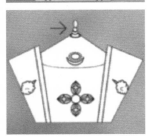

壇城之主

　　金剛寶冠（黑寶冠）之頂端嚴飾。其義代表，在金剛乘教法中智慧之頂峰及一切壇城之主，同時亦表徵佛智之無礙示現。

---

11. 以下繪圖出自「噶瑪迦珠（香港）佛學會」網站：http://www.karmakagyu.org.hk/v3a/content.php?l1=2&l2=3&l3=1

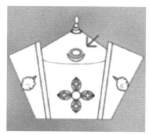

佛之二智

　　金剛寶冠（黑寶冠）之中上部份，飾以珍貴珠寶製成之「日」與「月」。其義代表，佛陀的兩種智慧：即「盡所有智」、「如所有智」

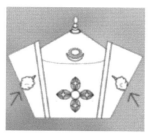

佛之事業

　　金剛寶冠（黑寶冠）左右兩側之雲形嚴飾；其義代表，無量、且無分別之悲智雨霖，同時亦象徵諸佛及十地菩薩利眾之事業。而第十地菩薩之果位，即稱為「法雲地」。

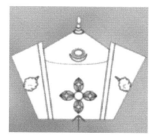

四種證悟事業

　　金剛寶冠（黑寶冠）莊嚴之正面，飾有五種不同顏色十字金剛杵，其義代表「五色佛部」；而杵之枝靶部份（如圖示）表徵四種證悟事業－息、增、懷、誅。

四無量心

　　金剛寶冠（黑寶冠）之基部；由四角四邊型之區域為十字金剛杵建構方型或 V 型之基部。其義代表：「四無量心」，亦即「慈、悲、喜、捨」，這同時也是大寶法王引領眾生經由「道」而至圓滿證悟果位之深層義涵。

　　歷代法王都會舉行金剛寶冠加持典禮，當他戴上那頂殊勝的寶

冠時，總要用他的右手穩穩托住頭頂上的寶冠。據說，金剛寶冠本身具有極大的力量，如果沒有把它托住，它將隨自己的意願飛走。因此每次灌頂一結束，噶瑪巴總是小心翼翼地把它擺回盒子裡。

2. 四臂觀音坐眼前，放出光芒度有情

金剛寶冠法會不只是象徵，更是祈請加持的儀式。透過將寶冠戴在頭上持誦咒語，人們相信，噶瑪巴此時此刻就是觀世音菩薩報身的真實化現「噶瑪巴」——「行諸佛事業者」就出現了。

據說，所有在場參與盛會者，他們累生累劫所積聚的業力，此刻都會無限地成熟。在佛教的觀點認為讓業力提前「成熟」是極為有利的，與其讓業力留到死亡的那一刻——甚至還有可能會因為業力而投生到不好的地方——還不如讓業力在生時就提前成熟，特別是當你處在偉大的上師面前，能夠讓此事發生那是無比的加持。雖然參與金剛寶冠加持典禮者，並非人人都能了解其中的內涵，但法會的無比殊勝力量，並不因此而受到任何的影響。

歷史性的一刻終於到來了，法王弘法團一行於 9 月 17 日抵達歐洲過境倫敦，這是阿貢仁波切自從離開印度後，第一次見到法王。十多年過去了，他完成了博士學位，帶領一群桑耶林的弟子，以最隆重的藏式迎賓禮歡迎法王的遠道而來，大家無不沉浸在法王帶來的喜悅之中。當年千里迢迢去印度法王座下尋求心靈解脫的那群嬉皮，也在阿貢仁波切的調教下，漸漸體會學習教法的精髓；他們對法王往日在隆德寺時曾經給予他們無上限的加持，並且引領他們走進佛法殿堂的感恩之情與激動全部寫在臉上。尤其在十多年

後，法王能踏上他們故鄉的土地，有人忍不住喜極而泣，他們的人生因為得遇法王而完全改變了。雖然只是在機場短暫的相聚，但據在場的人表示，感覺好像去參加一場喜宴，一場讓心靈充滿法喜的宴會。隔日法王及隨眾直飛紐約甘乃迪國際機場（John F. Kennedy International Airport）。

3. 秋陽創巴仁波切五體迎接

　　法王噶瑪巴一行 12 人於 9 月 18 日來到了美國。秋陽創巴仁波切在紐約機場，以五體投地的大禮拜歡迎法王的到來，這一幕，讓創巴仁波切那群以嬉皮為主的弟子，如遭雷擊般的震撼了他們的心靈。創巴仁波切自從車禍後不良於行，[12] 這樣的大禮拜對體重不算輕的他來說異常的吃力，仁波切在弟子面前表達了他對法王的一片虔誠之心，這一幕感動了許多他的弟子。

　　法王首次世界弘法初訪，得力於不丹皇族的大力護持，特別提供法王不丹的外交護照讓他使用，加上善於變魔法的創巴仁波切，更讓法王的車隊有了警車前導及護送，一出外交禮遇通關的紅地毯，浩浩蕩蕩的弘法團，分別坐上創巴仁波切特別準備的座車裡，一路暢行無礙，直抵在紐約的下榻飯店。

12.1969 年的 5 月，秋陽創巴仁波切因酒後駕車，出了車禍，導致左半邊身體麻痺，留下終身的後遺症；在醫院治療期間，仁波切決定放棄僧侶身份，捨戒還俗，他認為這是他此世弘揚佛法最好的身份。

4. 這個世界不可抗拒的力量

法王首抵紐約時被安排在地標廣場飯店（Landmark Plaza Hotel）接見大家，有五位幸運的學生有個私下觀見法王的機會，其中一位愛瑪麗（Emily）回憶說：「當時我是新生，非常榮幸能被包括在觀見法王的團體中。法王透過翻譯作了幾分鐘的開示，接著問我們有沒有任何問題。在座有一位看起來非常嚴肅的年輕人，請示法王『我每天應該要花多少時間研讀法本？』這麼多年過去了，法王當時的回答一直迴盪在我的心中。法王看著他，再逐一個別地看著我們每個人，然後緩緩的說道：『能花時間研讀法本當然很好，但如果不實修，這並不會有用。』接著他就笑了起來。」[13]

另一位晨德（Chender）亦回憶說：「當法王在貴賓室進行大眾觀見及加持時，因為法王持外交護照，按照規定美國國務院指派兩位警察保護法王。當接受加持的人龍穿過法王的法座前面時，他們就面無表情的站在會場後面，留意法王四周的動靜，在我眼裡，他們就像是才從中央鑄造廠直接送出來的剛硬愛爾蘭警察，我實在無法想像他們對眼前這一切有什麼想法。當長長的隊伍就要接近尾聲時，我發現其中一個以詭異的眼神瞥了對方一眼，之後他們兩個慢慢地脫下頭上的警帽，走向前去低下頭來接受法王噶瑪巴的加持。在這個令人震撼的剎那，我看到一股不可抗拒的力量正推向這個廣大的世界，一個沒有邊際的世界。」[14]

---

13. 參見 Emily Danies（2010 年 2 月 14 日），網站「香巴拉的世界」之網址 http://www.chronicleproject.com/stories_202.html。
14. 參見 Michael Chender（2010 年 7 月 14 日），網站「香巴拉的世界」之網址 http://www.chronicleproject.com/stories_202.html。

5. 珍貴黑寶冠首次加持西方世界

在紐約停留期間，法王給予灌頂及開示，並於 9 月 21 日為大眾舉行黑寶冠的加持儀式。當時藏傳佛教在美國並不普及，在紐約也鮮為人知，然而儀式當天仍吸引了近 3000 人走進會場，參加這場第一次在美國舉行的殊勝盛會。當天法會的地點是在一個由廢棄的船廠倉庫，經過金剛界的學生加以整修而成的非常莊嚴溫馨的會場。法王的首次美國弘法之行，在紐約所舉行的各個佛法活動，利益了廣大的有情，為大家帶來無限不可思議的法益。會後，法王移駕希爾頓飯店接見約 700 位信眾。

法王在這一趟紐約之行中認識了沈家楨居士。沈居士恭請法王及隨行喇嘛等人，到他位於長島的菩提精舍小住。在這段期間法王對弘揚佛法的熱誠，及對人的和藹慈悲，深深的打動了沈居士夫婦。

弘法團一行人離開紐約之後到了佛蒙特（Vermont），再到科羅拉多州的博爾德（Boulder, Colorado）香巴拉中心。法王在這裡認證了秋揚創巴仁波切剛出生的兒子，為十九世紀偉大的禪師米龐仁波切的轉世，他也是第一位在西方被認證的祖古。

6. 佛性與聖者相遇

聽說，當時博爾德香巴拉中心住持秋陽創巴仁波切，告訴他的弟子們尊貴的法王即將來訪，當時所有聽到這個消息的人都開心的歡呼了起來。接著仁波切告訴這群多年來跟著他一起修法、禪坐的弟子們說：「為了歡迎一位聖者的到來，我們應該要盛裝相迎。」

這些常年跟著創巴仁波切的弟子大多都是不受世俗約束，隨意自在的信奉者，平常穿著言行都不拘小節的他們，立刻表現出一副不可置信的樣子，甚至有人揚言，如果不能隨性的穿著，就不再來道場。

　　他們很難理解那位平常章法不備，完全無視世人眼光的上師怎麼突然變得這麼媚俗。仁波切看出了他們的疑惑，因此說道：「我們之所以要盛裝，是因為我們要展現我們那高貴光明的內在，佛性的光芒會因為與聖者相遇而完全展開。大家一定要準備好外在，以迎接屬於個人內在那歷史性的一刻，千萬別錯過了。」就因為這席「佛性與聖者相遇」的話，當天除了引香的創巴仁波切是穿傳統的正式藏服外，所有夾道歡迎法王的男女法友都穿上白襯衫、黑西裝並打領帶，非常的慎重——為了向聖者致意，也為了個人殊勝內在的啟發。

　　法王在博爾德舉行黑寶冠法會之後——為與會大眾加持，之後並請每位小朋友到他的面前，法王親切的握握他們的小手或輕輕的把他們擁進懷裡，並親切地逐一問他們的名字，每當法王聽到他們的名字之後，都會笑著以英文回說：「Very Good ！」這真是一場無上的加持啊！

　　當法王正在科羅拉多的金剛界中心訪問時，蒂舍爾（Tischer）說道：「我母親剛被確診為癌症末期，當時我被指派的工作是當噶瑪巴身邊一個喇嘛的侍者。有一天早上我碰到法王的秘書芙芮德貝蒂（Freda Bedi，也就是阿尼帕嫫），我向她訴說著我母親的情況，我無法止住自己的悲傷難過而流淚哭泣。她二話不說馬上抓住我的手，連拖帶拉的把我推到噶瑪巴的跟前，她用藏文跟噶瑪巴說著話。

整個過程法王都保持著笑容並且給我加持。

　　隔天我拿到一條送給我母親的護身繩，但它非常的不同。它看起來像個小流蘇有三吋長，上面打了很多個繩結。他們教我怎麼把它戴在我母親身上，在我母親生命最後那幾個月我一直陪伴著她，她有時也會戴著這個護身繩。我的母親是個精神分裂症患者，但當她要走的時候，她的頭腦非常的清楚。」[15]

7. 佛法將到達紅人的土地

　　法王這次的出訪弘法，他的私人秘書阿尼帕嫫促成了一件非常重要的事，讓東、西方最純淨的心靈相遇。西藏一直被認為是東方最後的精神淨土，霍皮族（Hopitu-shinumu, 簡稱 Hopi）則被認為是在未來，使西方世界的心靈更為晶瑩剔透的精神支柱。在《印地安人的誦歌》中記載了美洲與亞洲之間的文化關聯，一般歷史學家也主張印地安人的祖先應該是兩、三萬年前從亞洲穿過白令海峽來到美洲。兩個分別了兩、三萬年的中亞同一個祖先的子民，時過境遷地分別居住在地表的兩端，共同撐起末法世界精神層面的兩條重要的脊樑。這是一場族人久別重逢的團聚，展現出兩個古老文明的歷史，縱使時間更迭，原生的記憶仍在遠方呼喚彼此，用的是彼此才能了解的咒語，無聲無息但心心相應。

---

15. 參見 John Tischer（2011 年 1 月 1 日），網站「Kagyu Monlam Blog」之 "Blessing Power" https://monlam.wordpress.com/2011/01/01/blessing-power/

蓮花生大士開示：[16]

當鐵鳥在天空飛翔，
鐵馬在輪上奔馳的時候，
西藏人民將會散佈大地，
佛法將到達紅人的土地

西藏一直被認為是東方最後的精神淨土。

霍皮族的預言：[17]

當鐵鳥在空中飛翔
當鐵馬在輪上奔跑
西藏人民將如螞蟻般的散落世界各處
有一天
當西方在精神心靈衰微的時候，
一位戴著紅帽子的兄弟將從東方前來，
表明他自己是霍皮族人真正的朋友

　　霍皮族（Hopitu-shinumu 簡稱 Hopi）被認為是未來，使西方世界的心靈更為晶瑩剔透的精神支柱。

　　在西藏大地成長的藏人，由於宗教信仰的關係，佛教儼然就是他們的「國教」，不管識字與否，六字大明咒絕對是人人皆能朗朗

---

16. 參見「香巴拉的世界」網站 http://www.chronicleproject.com/stories_202.html

17. 參見網站 "The Temple of Mind " 之網址 http://templemind.blogspot.com/2012/03/shocking-prophecies-made-by.html

上口，可謂「國咒」。在與世獨立的高原地區，一串念珠、一隻轉經輪就是最莊嚴的打扮了。一般人也都習慣把家裡的一個或數個小孩送到寺院去當喇嘛，在藏族的文化中，這是無上光榮更是光宗耀祖之事，因此過去喇嘛占西藏總人口數的百分之十六，要說紅袍是西藏的制服，雖不中亦不遠。

　　成住壞空的無常變異發生在 1950 年代，改寫了整個藏區的命運，許多人從家鄉出走，往西南前進落腳在不丹、尼泊爾及印度。之後，以這些地方為基地，再次的隨風四處飄散於世界各地。1970年代，那些身著紅袍的喇嘛、僧眾，就這樣不斷的在異鄉漂泊，但從不吝於把解脫的教法傳授四方。

　　歷史回溯到五百年前的西方，任何一個新大陸被發現後，自認為文明的國家，為了要順利移民到他們認為更好的落腳處，奪取已被開發能夠馬上居住的地方，通常都會發起一場又一場，對舊住民或說原住民慘絕人寰的殺戮。美洲大地在 16 世紀之前只住著茹毛飲血的原住民，他們在這片地大物博的豐美土地上安居樂業，直到歐洲殖民者入侵，帶給美洲各種族的原住民毀滅性的災難，他們無法外逃，只好往僻遠的地方節節敗退。在所有的原住民當中，霍皮族由於文化傳統的關係，最後被趕盡殺絕的進到深山時，人口只剩原來的百分之十。多年後，各地政府只好把所有的原住民依地區，就近分別安置在各自習慣活動的地區，以免遭到滅族的命運，霍皮族的保護區在美國亞利桑納州的北部，那裡的土質大都呈現紅色，因此也稱紅土地。古老的印地安人有赭面（把紅色顏塗在臉上）的習俗，因此也被稱為「紅人」。

　　霍皮的意思是「和平的人們」，長老瑪汀・賈斯威協歐瑪（Martin Gashweseoma）曾經在一次訪談中提到，如果你從霍皮的土地垂直的放下一根線，當它貫穿地心會直達西藏的聖城拉薩。說來奇怪，霍皮語的「日」、「月」二字與藏文相同，但要倒過來用。或許這也是一種思念族人的方式，當你的白天，就是我的夜晚，以此作為日後相認的信物。分散兩地的族人不分晝夜地用心靈的力量，清淨這個惡濁的時代，為黑暗的世局帶來光明的希望。這兩個目前分屬東西方的「族」人，彼此之間的唱誦及對物品象徵意義的解釋多所雷同。

　　蓮花生大士預言：「當鐵鳥在天空飛翔，鐵馬在輪上奔馳的時候，西藏人民將會散佈在大地上，佛法將到達紅人的土地。」西元八世紀時，蓮花生大士開示，當未來的世界用鐵器做成的鳥，也就是飛機，在天空飛翔；當鐵器做成的馬，也就是汽車，在路上奔馳時；西藏人民會因為無常的到來，而在地表上浪跡天涯。他們將帶著佛法行腳世界各地，他們會到達一個充滿了紅皮膚人的土地，也就是現今美國中西部的霍皮族印地安人保護區。

　　霍皮族中也有一個存在於西藏與霍皮族之間的相同預言：「當鐵鳥飛翔，東方那些失去土地的紅袍人將會出現，有一天，當西方在精神心靈衰微的時候，一位戴著紅帽子的兄弟將從東方前來，表明他是霍皮族真正的朋友！」當未來的世界用鐵器做成的鳥，也就是飛機，飛上天空了，在美國的東邊有一群失去國家、身穿紅袍的人就會出現在世人眼前。有朝一日，當西方的精神心靈衰退凋零的時候，會有一位我們久遠以前分散的弟兄，他會戴著紅帽子踏上我

們的土地，告訴我們他是霍皮族真正的朋友。兩萬年後，朋友真的遠度重洋，乘著會飛的鐵鳥，坐上有輪子的鐵馬從遙遠的故鄉來了，雖然家園已非舊時樣，但家鄉的祝福與情誼始終沒有改變。

10月1日，十六世法王噶瑪巴應邀坐在一輛特別為他租來的金色凱迪拉克的車子，來到了近大峽谷（Grand Canyon）的印地安人保留區。法王和一群部落的長老會面，他們是酋長白熊（Chief White Bear）、大衛爺爺（Grandfather David）、部落的女預言師卡洛琳奶奶（Grandmother Carolyn）以及太陽酋長內德（Sun Chief Ned）。太陽酋長內德歡迎法王一群人千里迢迢的來看老朋友，並一一與大家握手致意。法王在致詞中說道：「雖然我們是第一次見面，但感覺上已經相識數百年了，不管是你們的祈禱儀式或生活方式，跟我們都很像。」事實上，法王說的應該是在霍皮族的保護區中類似沙畫的畫作，有學者認為這種沙畫豐富的色彩及大膽的顏料運用，跟藏傳佛教的曼達拉的沙壇城畫法如出一轍。在藏族頗負盛名的《格薩爾》史詩唱誦與印地安人的祭儀唱誦也非常的相似，更像的是他們的唱誦聲都帶著遼闊草原上的高亢清亮；充滿深情的聲音中，滿佈歷史回不去的滄桑。

法王和酋長交換見面禮，兩人不約而同的都準備了戒指，而且都是做工精細的銀質，上面鑲嵌細緻的綠松石和珊瑚。在場的人看著這兩指猶如雙胞胎的戒指，一點也不驚訝。相似的臉孔熟悉的信物，血液的最深處流動的是相同的密碼，不用破解就完全了解。

會面結束時，酋長內德再次的感謝大家的到訪，逐一與大家握手，並祝福大家長命百歲。法王問太陽酋長近況如何？內德告訴法

王，他們的土地正為長期的乾旱所苦，已經連續 75 天沒有下一滴雨了，再加上持續的高溫，土地都被烤得龜裂了，農作物也都面臨枯萎的窘境，不僅是部落面臨困難，附近百姓的生活也倍受影響。法王目不轉睛的聽著首長訴說內心的耽憂，臉上寫滿了慈悲。

法王噶瑪巴說他會為這件事作祈請。

當時為法王開車的羅斯（Roth）回憶說：「在回旅館的路上噶瑪巴開始發聲念誦祈請文，雙手也打起了手印。車外的沙漠在陽光的炙烤下彷彿在冒煙。過了一會，我看著藍天注意到有一團像小羊毛球樣的蓬鬆小雲朵，就出現在地平線上。當時我只是看了它一眼並不是很在意。我繼續開著車，坐在車上的噶瑪巴持續著他的修法。大約 10 或 15 分鐘後，我再度瞥向天空，讓我驚訝的是，那像小泡芙一樣的雲朵已經鋪滿了整個地平線了。

當我再往外看時，那些雲朵已經集結成一大片的灰色雲帶了。我覺得愈來愈有趣。等我們就快要回到旅館時，天空已經是黑壓壓的一片了，那不只是黑，而是摩西和十誡裡面所提到的那種經典的、詭譎的黑。

我們把車滑進了飯店的停車場，法王步出座車走向他的房間，一個服務生已經等在那裡要為他打開房門了，他走了進去，我看著法王的背影消失在屋裡，此時外面已烏雲四合，就在他身後的門被闔上的那一瞬間，天空雷鳴轟隆如火山爆發，我一生中從沒看過的密集快速的閃電就出現在眼前。如炸藥爆炸般的砰然巨響，你所能想像的最生動的畫面都出現了。一場傾盆大雨從天而降，雨勢大到像用大桶子倒的，也像是一整片潑過來似的，或可以說是如山洪爆

發。雨就這樣一直傾盆而下，撞擊在凱迪拉克的車頂上，發出轟隆轟隆的巨大響聲，那樣的力道和強度就像是大瀑布一般。

在黃昏來臨之前『印度之王造雨了』這句話就已經傳遍了整個周圍的村莊。很快地旅館附近擠滿了人群，每個人都帶著一臉的敬畏及驚歎看著尊貴的法王，法王當下就給予聚集的群眾一場觀世音菩薩的灌頂。」

此情此景與佛在《三摩地王經》中所開示的完全一樣：「我圓寂2000年後，佛法會在紅臉人的地方流傳。這些人都將成為觀世音菩薩的弟子，欣哈那達菩薩（Bodhisattva Simhanada），名「噶瑪巴」會誕生，具有禪定能力，他會降伏當地眾生。透過見、聞、憶、觸的方法，置眾生於光明之境。」[18] 慈悲無限的四臂觀音的種子，由十六世法王親自遠播西方，將菩提的希望深深的種下，種在法王甘露遍灑的美洲大地，種在失散多年的兄弟的紅土地上，那個數萬年後還共用日與月的兄弟的土地上。

羅斯（Roth）繼續回憶道：「在這場灌頂法會中，我們這些在場的西方人士就好像是外人一樣。最令人驚訝的是西藏人的臉與印地安人的臉竟然是如此的相像，這讓人聯想起那兩個民族間的古老連結。對我來說，這場法會感覺就像是久別重逢的家人又團圓在一起了。」事實上這群美國人，絕對只是見證這場兄弟重逢的歷史見證人。當「嗡瑪尼貝美吽」六字大明咒響徹整個山谷時，這是最美的聲音，是兄弟相認的暗號，也是最古老的呼喚。

---

18. 參見網站 "Early Tibet " 之網址 http://earlytibet.com/2007/09/18/red-faced-men/

　　法王在兩萬年前族人的社區灑了瓢潑大雨後，隔幾天兩家當地的報紙，將此事放在新聞的頭版，抬頭就是「噶瑪巴把雨帶到霍皮的大地」，另一家頭版斗大的字寫著「印度之王帶雨來加持霍皮的土地。」[19]

　　霍皮族另一個很有名的預言是「當鐵鳥在空中飛行，所有的苦難正悄悄的來到我們的身邊，由於母親正在疼痛中，所以大地的呼吸夾帶著龍捲風、洪水及地震。到那個時候，所有膚色的人必須團結一起，我們都是兄弟，我們要極盡所能的與大自然及地球保持平衡，我們應多向我們的母親祈禱。」這與佛法中所講的所有眾生皆是我父、我母的觀念無二無別，更是十七世法王接續十六世法王的事業之一，十七世法王在 2007 年的祈願法會開示說道：「保護環境是這個時代的一大新聞議題。本師釋迦牟尼佛與歷代祖師們都曾經授記預言，在末法時期，外在的自然界與內在的有情生命，會有許多災難與混亂的情形。」法王也在他所創作的〈世界啊！〉祈請大地之母「不要輕易展露您黑暗的一面，我們要讓您的一方一土成為和平的良田，千萬幸福的果實，自由芬芳，圓滿成熟我們無盡的期望。」語言文字表達的方式或有不同，但是內涵及精神完全吻合。

　　法王所領導的世界弘法團道別了族人，接著參觀了附近壯麗的大峽谷，隨後搭著會飛的鐵鳥，直奔西岸的舊金山。

---

19. 參見 Steve Roth（2010 年 7 月 17 日）訪談稿，網站「香巴拉的世界」之網址 http://www.chronicleproject.com/stories_202.html

8. 兩位把東方的佛法引介到西方的精神導師

　　法王一行人抵達舊金山機場時，為法王安排此次美國行程細節的創巴仁波切，透過他的奔走申請，為法王舉行了一場外交使節接機儀式。客機一落地，法王一行人優先下機，嶄新的深紅色地毯從停機坪直鋪到禮車前。在前有警車引導，後有警車的保護下，九輛加長型禮車一路排開，直到下榻的旅館一路亮起綠燈，完全是元首到訪的高規格接待。

　　隔天一行人先前往舊金山動物園參觀，有位喇嘛一時興起，模仿起我們熟知的猴子蹲踞式的走路方式，果不其然，當法王出現時，那隻猴子就現學現賣的模仿了起來，並對著法王又叫又跳的額手稱慶，逗得黃色陽傘下的法王及隨行人員哈哈大笑。來到海豹區，兩隻海豹在法王面前表演起雙人花式潛水，接著把頭趴在池邊點了三次頭，似乎在向法王行禮。鳥園區應該是最讓大家期待的，一些平常怎逗弄都不出聲的小鳥，竟然在此時對著法王引吭高歌，當然唱些什麼內容，大概只有法王跟牠們才能知道了。

　　法王在舊金山附近的梅森堡（Fort Mason）海灣機庫裡，舉辦了一場殊勝的黑寶冠加持典禮的法會。當天來了 2,500 多人，將整座拱形的機場庫房擠得水洩不通。法王在薰香及嘎鈴等的法器聲中優雅的進入會場，一坐上法座，他便小心翼翼的取出黑寶冠，用右手穩住它，兩眼直視前方，全身散發出菩薩慈悲的光芒，會場寂靜無聲，每個人的臉上都寫著崇敬與期待。法會就在創巴仁波切對黑寶冠殊勝加持的解說，及伴隨著響亮的嘎鈴聲中圓滿了加持典禮。

　　在這場法會中有一群來自已故鈴木俊隆（Suzuki Roshi, 1905-1971）的弟子，尤其是他指派的法祠理察貝克禪師（Roshi Richard Baker）特別引人注目，他們都是屬於日本曹洞宗的實修者，由於師父鈴木的關係而參與了這場教法的盛會。鈴木俊隆與創巴仁波切（1940-1987）年紀相差 35 歲，個性完全南轅北轍，一個樸素典雅，一個瀟灑不拘，但一樣地都遭遇了改變自己一生命運的戰亂，前者從第二次世界大戰戰敗的日本遷居美國，後者因為中國的緣故出走印度，之後到了英國、最後來到美國。他們都離鄉背景，皆經歷了戰亂流離失所的苦難，但更像的是他們都忘卻自身所曾經歷的艱辛痛苦，捧著一片晶瑩剔透的菩提心，漂洋過海，將解脫世人於輪迴的大法從東方引介到西方，為的就是要把釋迦教法在世界各地廣大的弘揚，以幫助無緣大慈共同解脫。

　　鈴木俊隆是把禪宗引進西方的第一人，也在西方創立首座的禪宗寺院，他的簡樸即是初心的觀點，對住在舊金山附近的蘋果創辦人史蒂芬‧喬布斯（Steven Jobs, 1955-2011）有著深遠的影響。而創巴仁波切不僅是在蘇格蘭創立第一所噶舉寺院「桑耶林」，更是在美國創立第一所佛教佛學院「那洛巴學院」，後來求學者眾漸漸發展為那洛巴大學。鈴木在認識創巴仁波切之前已拜讀其大作《動中禪》，因此兩人一見如故，情同父子，他並邀請當時住在科羅拉多州的創巴仁波切前來舊金山弘法。

　　鈴木俊隆生前，應該說是圓寂前不久提到，他跟創巴仁波切雖分屬不同教派，但他們對佛教有個共同的體認，不管身處世界的何方，我們對於能得遇佛法，一定要感謝自己過去生的善業在此世成

熟了，身為佛教徒是件令人愉快而幸福的事，即使要歷經所有的苦難，你才能體會到佛法帶給你的生命無上的莊嚴，但在那個片刻，你會深切的了解，所有承受過的磨難都值得，為了能成為一個佛教徒，一個真正的佛教徒，不管是禪宗或密乘。

大禪師說他知道很多人都不解為什麼他那麼喜歡親近創巴仁波切，創巴仁波切稱他為「精神導師」，而鈴木說：「創巴仁波切有如我的兒子。外表上我們看似非常的不相同，但我們生命中的本來面目無二無別，當你從千萬年的大夢中醒來後，你就會領略到『空性』的無我、無邊、無空間。如果我有足夠努力，那麼無時都可以安住在這種超越理智、經驗與理論的精彩和簡單之中。這種體會就是一種精神上的支持，一旦你有了這樣的支持與確信之後，不論別人做什麼，你都不會批評；相對的，無論你說什麼，對方也都不會介意。這種偉大的精神與確信，不執著於某種特定的宗教或修持的形式，才是人類所必須的。從這個角度去看芸芸眾生，人們批評他放縱的生活方式，它本身就不是問題。當水滴與大海溶合為一時，你如何能指出那滴水做錯了什麼了呢？」

當鈴木禪師圓寂時，創巴仁波切特地前往舊金山並給予他的弟子們開示，仁波切說：「無常在這一刻張牙舞爪，你們失去一個美好的師父，而我喪失了一個最親愛的朋友。」座上的創巴仁波切痛哭流涕不能自己，接著撕心裂肺的悲悽哀嚎，座下的鈴木弟子們也都禁不住悲傷哀慟潸然淚下。他們把誇越教派、超越教法的精神及忘年之交的情誼，發揮的淋漓盡致，隨後步上法道的我們，如何能不去體會那縷飄自純正教法的清香呢？

結束了加州的行程，法王第一次的世界弘法之行，接著要從有名的尼加拉瓜瀑布，轉機前往加拿大。

9. 沈居士供養土地，教法於此生根

在紐約時供養法王此行弘法團食宿的沈家楨夫婦說，他們從法王的身上看到一位成就者的慈悲，是如何的感動著每一個人，而且是那麼的意味深遠，如海洋般的遼闊，多少連藏傳佛教都未曾聽聞的人，一見到法王就淚如雨下，甚至是在一場無意參加的法會中，就讓兩代人的恩怨自然脫落。法王的存在本身，對眾生而言就是一場加持，一場沒有保存期限的祝福。在法王的面前，所有一切都有無限的可能性。

當法王還住在菩提精舍時，沈居士夫婦就開始思考，要怎樣把如此殊勝的教法延續下來？大家要如何一直保任在這獨一無二的加持中？功課要如何繼續呢？唯一的辦法就是在此處成立道場，讓藏傳教法在此生根。他們在菩提精舍時，就向法王提到在紐約成立道場的想法，並願意提供土地作為建寺之用。

.法王一行人在尼加拉瓜瀑布稍作停留時，沈居士夫婦特地趕來面見法王，他們祈請法王把解脫輪迴的教法留在美國這片土地上，以利益更多輪迴的眾生；希望法王能把藏傳佛教的法幢廣豎於北美的土地上，讓大家都有機會能學習到解脫的無上法門。他們除了供養建寺所需的土地外，並願意提供所有必要的法律協助。法王感受到沈居士夫婦的真誠慷慨，應允了他們的供養，並請天津確尼從歐洲回來後處理相關事宜。法王當時指示：將在這片土地上蓋起噶舉

傳統寺院，作為他弘揚教法的法座。

10. 佛法精髓，透過禪修體驗自性中的無限可能

　　大禪師卡盧仁波切在法王的首次世界弘法出訪之前，已經在溫哥華教授禪修及佛法課程，並成立了數個噶舉中心，他所到之處廣受學生歡迎及愛戴。他的教學風格活潑多變，並且融合當地的生活習慣，與當地文化水乳交融。大禪師對學生因材施教，對東方學生除了教授禪坐之外，並教導放鬆之法，大抵因為東方人比較拘泥小節時常壓抑自己；對西方學生除了禪修之外，要求多作四加行等讓身體疲憊之課程，因為他們日常生活過於安逸懈怠。

　　卡盧仁波切帶領一群噶舉弟子前往機場接駕，並迎請法王到維多利亞州政府大樓，由副州長及秘書親自接待法王一行人。隔日在溫哥華市中心的海柏飯店舉行黑寶冠加持典禮，近 900 人擠進了這個依山傍水的美麗宴會廳，與會大眾屏息以待這歷史性的一刻。當法王在西藏特有的樂器及法器聲中登上法座後，座下信眾無不被法王自身的雍容莊嚴及黑寶冠的絕世殊勝所吸引，大家的臉上寫滿了虔誠恭敬，這場法會就在法王無比的慈悲光芒下圓滿結束。屬於藏傳佛教的解脫法門，才要真正要從此散葉開花，尤其噶舉的法脈將在加拿大綻放光彩。

　　由於加拿大政府對藏人的流離失所相當同情，開放難民移民的名額給藏人，當法王到加拿大訪問時，特別前去幾個藏民聚落，除了給予他們精神上的慰藉與鼓勵之外，也為他們舉行黑寶冠的加持儀式。鼓勵藏人除了讓外在的身體有安居處之外，也不要忘了要在

法道上努力精進以光明自己的內在。

法王在加拿大多倫多近郊的加拿大噶舉佛法中心待了三個星期。這是南嘉仁波切在北美所創立的第一所噶舉寺院，早期南嘉仁波切不但協助從亞洲前來尋求庇護的藏人安居落戶，他也以地利之便護持許多新的噶舉寺院在加拿大設立，南嘉仁波切絕對稱得上是：噶瑪噶舉在北美土地上的開疆闢地先鋒之一。

加拿大噶舉佛法中心同時也設立了一座殊勝的舍利塔，法王第一次世界弘法之行的緣起，就是南嘉仁波切邀請法王前來加拿大為已落成的中心與舍利塔舉行開光典禮。除了主持開光之外，法王也主持了黑寶冠的加持儀式、給予大眾皈依戒，並為少數人傳受了噶舉傳承的護法──瑪哈嘎拉護法的灌頂。

法王在佛法中心落成開光典禮上，特別提到設立一個佛法中心或團體組織，它必須肩負起的一些責任：

1. 一般來說是提供一個大眾可以前來研讀、受教及實修的地方。

2. 更明確的說，就是要發展及弘揚藏傳佛教追求精神層面的傳統，運用各種方式讓西方人士覺得這是深具意義的事。

3. 任何一個想要從噶舉派的一般教學及實修中獲得法益者，我們都應盡其所能的給予支援與幫助。

法王說他相信在西方的信眾，不管是瑜伽士或瑜伽女一旦可以被訓練到，能夠運用自己的母語及文化背景去學習時，藏傳佛教中真正的智慧絕對能在西方被體現。

在尋求成道的過程，透過禪修去體驗自性中的無限可能，並努力去讓世界獲得和平、變得更美好，對我們而言，這就是佛法的精髓。

11. 弘法歐洲，東西宗教交流

1975 元月中旬，十六世法王應邀前往羅馬梵帝岡與天主教教宗第六世聖保羅晤面。法王在此處停留數日。在這期間，法王與教宗討論了建立世界各宗教間的和諧。

接著法王又到訪挪威、瑞典、丹麥、荷蘭、西德及法國。這是歐洲的土地上第一次舉行黑寶冠加持典禮，這一路上的加持，讓許多信與不信佛法的人士都對法王生起敬畏之心，對在法王身邊所經歷到的一切，只能用目瞪口呆來形容。這一場又一場的法會，觸動了許多人內心深處那片閃爍的光明，甚至改變了與會者一生的命運。尤其在以基督教及天主教為主流的西方世界，法王的弘法歷程正以他不可思議的加持力，讓佛法不僅順利的進入歐美的大地，也跟在原來土地上的宗教並存共榮。法王以他的慈悲智慧雙運，為解脫眾生的了義歷史在西方寫下新頁。佛陀的教法透過第十六世大寶法王，一再一再的利益著廣大無邊的眾生，不分族群無分性別，享用了法王帶來的教法醍醐。

12. 別鬧了，這是什麼時代了

住在英國的瑪莉芬妮根（Mary Finnegan）是位佛弟子，她參加了那場在倫敦舉行的金剛寶冠法會，她說那次的經驗據是「完全超

越了理性所能理解的範疇。」她第一次見到噶瑪巴是在桑耶林，那時他剛從印度抵達不久。她在日記中寫道「他是所有我見過的人當中，第一個讓我相信他完全不屬於這個世界的人。」在親身經歷了她生命中的第一場金剛寶冠法會，她說她意識到：「隨著儀式過程的推展，我的心中也開展出更多微細層次的覺察力。剎那間，他是一位穿著莊嚴高貴法會禮服身型微胖的西藏人，手中持著水晶念珠，下一刻他成了『四臂觀音』，實際上是『他』進入了他的心性本質，然後示現成本尊，展現出那輝煌至極、半透明的美好身形。此時，整個室內似乎都沐浴在虹光之中，這澄澈透亮的虹光籠罩著室內的每個人、每件物品。

我彷彿也看到許多人正對著法王做著五體投地的大禮拜，我坐在那裡想著，我眼前見到的這一切，恐怕不是真的！所以我閉上了眼睛，集中精神，我告訴自己別鬧了，這是什麼時代了，有沒有一點常識啊！然後我再張開眼睛，眼前景象還是如前所見，沒有改變。『四臂觀音』就活生生的坐在那裡，就像西藏畫像所描繪的一樣，每個細節都相同而且是那麼的栩栩如生，『四臂觀音』向四方放射出無限明亮的光芒。當儀式結束的時候，法王緩緩地脫下寶冠，把它放回盒子裡，然後再度回復到我平常見到的噶瑪巴，虹光也消失了，一切又恢復成原來的樣子。多年來，我一直津津樂道這場法會的力量有多麼的不可思議。」[20]

當然，每個人對黑寶冠法會的感受各有不同，但相同的是他們

---

20. 參見 Mick Brown 著，"The Dance of 17 lives: The incredible True Story of Tibets 17th Karmapa"（中譯本《大寶法王／千年一願》）

都體驗到十六世法王噶瑪巴所帶來的加持與力量，那令人難以抹滅的感受，似乎是透過這樣的儀式，好觸動我們生命中最深不測的部分。

在英國蘇格蘭愛丁堡的弟子供養了 500 英畝的土地給大寶法王。虔誠的弟子告訴法王他可以依照自己的喜愛及計劃去使用這片山林平野，不論是要建寺、成立佛學院或蓋閉關中心都可以。這也就是現在的噶舉桑耶林。

13. 這本書曾經是我的

當噶瑪巴抵達倫敦的第一天，他的弟子之一的海寧（Haining）就帶他去參觀大英圖書館（British Library）。戚美仁波切（Lama Chime Tulku Rinpoche）當時在此地工作，為圖書館的藏文典籍館藏編目。海寧回憶道：「法王仔細的檢視一些書，他把書拿起來，碰觸他的額頭以示尊敬，然後說很好、很好。後來，他拿起一本書，再次地把它放在頭上頂禮，他說這本書以前是他的。他指的是過去世的噶瑪巴。他接著又去看其他的書。後來我們仔細查看了那些書，從裡面找出了他特別挑出來的那本。我們檢查了書的版權頁，上面顯示了這本書是由某人贊助出版的，作為送給噶瑪巴提到的那一世法王的禮物。事先並沒有人先檢查過那些書，噶瑪巴也沒有看過版權頁。法王真的是跨越數百年的時空，認出了那本曾經屬於他的書。」[21]

---

21. 參見 Mick Brown 著，" The Dance of 17 lives: The incredible True Story of Tibets 17th Karmapa"（中譯本《大寶法王／千年一願》）

14. 我記得那唱誦聲，那燃香的味道

當法王一行人來到丹麥時，當時才六歲的克里斯汀森（Christensen）回憶說，在黑寶冠的加持儀式中她第一次見到法王。「我還記得當時的每個片刻，就如水晶般的透亮清晰彷彿昨日。黑寶冠加持儀式是那麼地善妙細緻，它讓一切都變得鮮活生動永不褪色。在那個當下，時間彷如出現了斷層，就此停格。現在當我從這個角度來看，說它有多生動它就有多生動。我記得噶瑪巴用手托住黑寶冠，我記得當時屋內的每個細微處，那唱誦聲、那燃香的味道。每件事都依序展開⋯⋯

當我們抵達會場時，前面有個很大的院落，喇嘛們正在院子裡騎著法友所贈送的腳踏車，我教他們要如何透過把手操控方向。之後，我們進到富麗堂皇的大廳，我記得人們聲音中的興奮，及那種充滿期待的感覺。空氣中濃濃的薰香，陽光透過大片的玻璃，看起來就像是穿過天使細膩的髮絲。我記得光線是如何透入屋裡，照出在空氣中縷縷浮動輕緩飄移的裊裊薰香。我們輕輕地走了進來，就在這樣的情境中靜靜的坐著。

加持儀式開始了，所有的喇嘛都在現場忙著各自不同的工作，我並沒有很注意他們在做什麼。噶瑪巴走進來，臉上帶著微笑，身上光芒照人。那個光芒甚至掩蓋了太陽。我記得當他把黑寶冠戴在頭上，當下一片寂靜，時光停住了，我完全被眼前的法王和他的黑寶冠迷住了。之後我們走向前去接受加持，當我走到噶瑪巴面前時，我覺得這是我所見過最巨大的人，他彷彿充滿了整個會場。當下我真實覺得，此刻真是神聖無比啊！

噶瑪巴非常疼愛小孩，當我走向他，他給了我一個大而燦爛的笑容，我覺得當下那個片刻，除了我們兩個之外，所有的東西都消失了。這次的相見深深的影響著我，我時常夢到黑寶冠就飄浮在我的頭上數吋之處加持我，那個加持流經我全身。身為孩子，這些夢境我記憶猶新，我還記得隔天我就如同在雲端散步一般。

加持儀式後的第二天我們要再去見噶瑪巴，所有的人都坐在一個小房間裡，但我要坐在外面，因為我想他是那麼地巨大，這個小房間怎麼能容納得了他呢。然後，他來了，就像每個人一樣地走進了那個小房間，當時我有些小小的失望，法會之後他看起來就像一般人。

我們等著見他，之後輪到我們進去房裡，只有我的父母、我及我的妹妹。再次地，我記得他是那麼地全能，巨大且閃耀如太陽。我們在房裡感覺好像過了很長的時間，噶瑪巴給了些糖果，並叫我過去坐在他的腿上。我向他走去，他微笑著。就這樣，在整個見面的過程中我大都坐在他的腿上感覺完全地被攝服。」[22]

15. 建立寺院，藏族文化延續海外

法王在瑞士接受了健康檢查。1960 年代的瑞士政府同情一樣位處山區的西藏在政治上的劇變，是歐洲第一個對西藏難民伸出溫暖手臂的國家。企業家亨利和雅克庫恩（Herni and Jacques Kuhn）更

---

22. 參見 Naomi Levine（2012 年 12 月 8 日），網站「Kagyu Monlam Blog」之 " Maia′s story " 網址 https://monlam.wordpress.com/2010/12/08/maias-story/

提供難民工作機會，並給予他們免費食宿的優惠。瑞士政府除了收留西藏難民外，為了讓他們在遠離故鄉後仍能保留自有文化，在瑞康（Rikon）的山谷為流亡藏人建立起一座藏傳寺院，這座非營利組織寺院由著名建築師優利・福錄克（Ueli Fluck）所設計，此建築內部以西式的功能為主軸，外觀則結合藏族的元素。提醒藏人在享用西方文明便利的同時，也要記得自己故鄉的樣貌。

這座寺院除了讓藏族的宗教信仰在海外得以延續，也兼具保存藏傳文化與民族精神等功能。得利於瑞士政府的安排，法王此行在蘇黎士和流亡的西藏難民會面，當他們一見到法王，有如與父母失散多年的孩子般，見到親人在前，無不紅了眼眶，甚至有人掩面痛哭，法王給予他們安慰「流亡海外的歲月不容易，所有我們所經歷的一切，無不是無常本質的顯現，就像死亡隨時會到來一樣。」法王鼓勵大家要向三寶祈請，也要學習早日融入當地社會，法王並為離鄉背景的藏人及瑞士當地住民，舉行了法會，並給予大眾加持。

此次的歐美弘法之旅，法王發現藏傳佛教在西方世界可以幫助人們提升心靈及精神層次的空間還有很多，當法王在蘇格蘭的桑耶林停留的三個星期中，鼓勵阿貢仁波切將此地作為在西方廣宣教法的基地，不分族群的把釋迦教法在世界各地廣大弘揚。並希望下次他的弘法之行可以有六個月以上，這樣他能夠拜訪更多的國家及各宗教團體，可以跟更多的宗教領袖見面交換意見，能如此，不管是小到對百姓的福祉，或是大到對世界的和平，都會有所幫助。

16.「噶瑪噶舉信託」普設西方各國

在這趟弘法之旅中，法王為了便於海外各寺院的建設，及以強化現有中心之間的一致性，尊貴的法王依於各國的法律分別在美國、加拿大、英國及法國設立了「噶瑪噶舉信託」（Karma Kagyu Trusts），有關國家的政府都展現出他們的高度誠意，對法王的計劃也都給予尊重，並且完全地肯定與配合。

1975 年，法王返回印度前，指派天津確尼代表法王前去與沈居士洽談在紐約捐地建寺事宜，並請塔瑞（Tarap）跟喬爾威利（Joel Wile）陪同前往，他們在沈居士家待了數個月，完成了所有建寺土地的無償取得、法王北美主座的設立的種種法律文件。

回程，法王受邀前往菲律賓首都馬尼展開首次弘法之旅，法王此行受到大乘信願寺住持及信眾熱烈的歡迎，信願寺由旅居當地的華人所集資興建，是菲律賓第一座佛教寺院，他們並為法王舉行了盛大的餐宴。法王給予大眾殊勝的黑寶冠的加持典禮，當年還有一些從台北遠道前來聞法的金剛法友，一起接受這場加持。

堪布卡塔仁波切被第十六世大寶法王正式授封為「法尊上師」（至高佛法上師）的稱號，及「仁波切」（人中之寶）的頭銜。

17. 醒來！

法王回程住在加爾各答（Calcutta）的歐貝羅依飯店（OberoiGrand Hotel），當時剛皈依不久，人在菩提迦耶的貝萊爾（Belair）聽到這個消息，在譯者阿契的安排下，便兼程趕往加爾各

答拜見法王，希望能得到法王的加持。

「隔天，我感覺還在矇矓的睡夢中，但人已依約在清早的七點鐘，準時出現在飯店門口。法王如國王般高貴地坐在裝飾精美的接待室，他正跟兩個高大、坐在他腳邊的不丹功德主說著話。他身上所散發出柔軟的金色光芒是如此的慈悲溫暖，感覺就像在自家一樣，我就在後面找個地方坐下。我凝視著法王，完全被他的聲音所吸引。我了解他正在說著他這次在美國弘法時的種種經驗。他描述著美國幅員遼闊，土地肥沃物產碩大豐富，農田非常廣大，透過了不起的機械化，整個農業耕作井然有序，非常的有系統、有組織。

突然間我發現，他正在說的是我所不懂的藏語，正當我顯現出我的興奮之情時，法王直接看著我，並招手示意我往前坐。

我在他的腳邊坐下，仰望著眼前的法王，仍然覺得完全地驚訝。此時法王舉起他的手，做了個很大的動作，似乎就要打到我，我直覺的躲了一下，但他只是輕輕的把手放在我的耳朵上，這次他用無懈可擊的英文說：『醒來』，或許他的手中有個像鬧鐘這樣的小玩意。我看著法王，他的微笑中帶著些許的調皮，而我只能傻笑。法王笑了出來，接著我們就在笑聲中，度過一個無法言說的喜悅片刻。眼前的這一切對我而言非常足夠了，已經不能再多了。於是我起身，向法王行禮，之後離開了客房。」[23]

結束了這趟的世界弘法之旅後，尊貴的法王即刻著手付印整套

23. 參見 Erika Belair（2011 年 1 月 13 日），網站「香巴拉的世界」"Wake Up"網址 http://www.chronicleproject.com/stories_202.html

罕見的 102 卷的德格版傳統甘珠爾法本及解說共 500 套，無分教派的贈送給各寺院及圖書館。此後，這些珍貴的法教成為施主、出家眾及在家人不可或缺的虔敬供奉對象。

　　歷時 16 年的越戰在這一年結束。有 200 萬到 300 萬人死於這場戰爭，共有 25 個國家參與或支援了這場戰役。美國花費 2500 億美金打了場慘輸的戰爭，給越南留下滿目瘡痍的土地。表面上戰爭結束了，但橙劑帶來的後遺症及 88 萬孤兒的悲苦人生，才要開始。

第七章：二轉法輪於世界

滋潤弟子品嚐佛性，喚醒自性無盡潛能

1. 預言實現，再次轉動法輪

1976 年，噶瑪巴再度造訪西方國家，這次的行程從法國的多爾多涅（Dordogne）開始，一路經由荷蘭、比利時、丹麥、瑞典、挪威、德國、奧地利及瑞士等，橫跨了整個歐洲。由於法王廣度眾生的願力，這次的世界弘法之行，在歐洲轉動法輪整整六個月，就如同他第一次到訪歐洲時跟跟阿貢仁波切說的一樣。

法王在英國時，英國的廣播公司國際台（BBC World Service）邀請他前來參觀，在參觀錄音室時，法王加持了所有的設備。在這趟歐洲之行，法王為傾心佛法的西方法友舉行了皈依的儀式以及噶瑪巴喜的灌頂法會。

法王抵達蘇格蘭的桑耶林，隨行的除了第三世蔣貢康楚仁波切還有 10 來位喇嘛。法王嘉勉阿貢仁波切，要努力建設桑耶林，以滿足廣大歐美人士對釋尊教法的渴求，在場的人都可以感受到法王希

望教法能在西方廣大弘揚的熱情及願力。當時法王還頑皮的拉起阿貢仁波切捲曲的頭髮，開玩笑的稱他為「非洲喇嘛」。果不其然，幾年後阿貢仁波切就代表桑耶林到非洲，創建了首座的噶舉傳承寺院，之後每年往返歐、非之間弘揚教法三十餘年。目前噶舉傳承在肯亞、南非及辛巴威共有八個中心，可謂有土地處必有佛法的最佳寫照。

2. 你也看到了嗎？

　　6月11日法王一行人抵達巴黎的戴高樂機場。當時威廉斯（Willems）也是法王到比利時，接待籌劃小組的成員之一，他回憶道：「當時我們一群人特別南下巴黎，歡迎法王的到來。有關法王的故事我聽了很多，迫不及待的想見到他。法王下了飛機，坐進一輛豪華轎車前往貴賓接待大廳。他在通往大廳的樓梯前五六十公尺處下了車，我看到他下車並注意到，他被站在車外約120位左右的人潮給團團圍住了。當他穿越擁擠的人群，朝著我所站的樓梯的方向走過來，我感到尷尬，因為我似乎比法王稍微高了一點點，因此我特意屈膝（以免高過法王），他剛好跟我屈著的膝蓋擦身而過，他向左回過頭來認出我，並爆出如雷鳴般的笑聲，同時拍拍我的肩膀，這讓很震驚但也覺得很有意思，在這麼喜樂的情況下見到法王，我真的鬆了一口氣。

　　接著在記者招待會的大廳，法王介紹一位西藏的喇嘛，他戴著雷朋太陽眼鏡讓他看起來有點像黑手黨。事實上，他才剛從印度抵達巴黎。耶謝諾布（如意寶）介紹這位喇嘛，說他將成為西方一位

非常重要的人物，法王介紹他的名字是：堪布竹清嘉措仁——波切，他把「仁」字拉了很長的音，並說在將來你們必定會一再聽到他的名字。

幾天之後法王抵達多爾多涅。我意外地見證了有生之年的第一場黑寶冠加持典禮。令我訝異的是法王竟然可以用一個小小的寶瓶，不停地為四百多人灌頂，而他給予每個人的甘露水都是那麼地慷慨大方。在陪伴法王的弘法旅途中，這種現象時常發生。」

在法王的歐洲弘法之旅中，有一個行程是被邀請前往北荷蘭的一個小鎮利瓦頓（Leeuwarden），在那場法會中有件事顯得特別的突出。黑寶冠的加持儀式被安排在一個小型的體育館舉行，大約80到90人出席這場法會。威廉斯繼續說：「因為一路陪伴法王，我已經看過這個儀式20多次了。我看著法王跟喇嘛從開始的唱誦到祈請，眼看黑寶冠就要戴到法王的頭上了，就在這個黑寶冠加持儀式的節骨眼上，耶謝諾布臉上露出一抹頑皮的微笑。在他抓住帽子的同時，似乎出現了一點小挑戰，他微笑著並出其不意的把頭往上抬了幾次，露出了裡面的一頂小帽子，那小帽就跟上面的黑寶冠一模一樣，充滿了繽紛的色彩以及耀眼的光芒。我簡直無法相信我眼前所看到的一切，我問同在會場的人是否也看到了？他們證實了我所見到的『是啊！是啊！是啊！你也看到了嗎？』

那次的經驗永難忘懷。我尚未見到第十七世大寶法王，但我殷切期盼能見到他，再一次的。」[24]

---

24. 參見 Joost Willems（2010 年 12 月 9 日），網站「Kagyu Monlam Blog」之 " Under Karmapa's Black Crown" https://monlam.wordpress.com/2010/12/09/under-karmapas-black-crown/

3. 他說的就是我內心想的

　　法王在歐洲行程的秘書之一，也是他在法國弘法時的另一位司機，荷姆斯（Holmes）回憶說，在法國多爾多涅省的沙邦莊園（Châteaude Chaban, Dordogne, France），有一天法王給大家一個團體面談的機會，荷姆斯就在面談的房外踱步恭候法王。這時有個團體從面談的地方走出來，「突然間有一個欣喜若狂的女士衝著我走來」荷姆斯說她用非常重的口音對他說：「我不知道法王會講義大利文，而且是如此地優雅及完美。真是太不可思議了，他說的就是我內心所想的。」荷姆斯說陪伴法王四處弘法的這六個月期間，他常聽到法友說法王可以直接用他們的語言對他們開示，一開始聽到這種說法時覺得有點匪夷所思，但聽多了就覺得這是無庸置疑。這種心心相應的溝通方式，為佛經中提到：「佛有六十種度脫眾生的不同梵聲妙音功德」作了最佳註解，也就是在一大群人之中，佛雖以梵語開示，但聞法者都能聽到佛以自己的語言在講法，因此能無礙了解佛法的真實義；即使在最後面的人，也能清晰地聽到佛開示的聲音，就跟坐在最前面的人所聽到的音量一模一樣。[25]

4. 比衛星導航還好

　　荷姆斯表示，他之所以能有機會在巴黎為法王開車，是因為他剛剛繼承了一部跟法國總統同一型號的座車——雪鐵龍 DS。巴黎這個城市對法王而言是全然陌生的。有一天，就像法王經常做的，他

---

25. 參見 "The Karmapa" 網址 http://www.khenpo.org/karmapa.htm

要求荷姆斯載他去買鳥。「我們被告知法王想要去買的那些鳥是他前世弟子的轉世，由於混雜的業力致使此世投生為一隻鳥，然而，是一隻接近這尊佛的鳥。我載法王到巴黎香波鎮美吉薛西街（Quai de la Mégisseries）上有名的鳥類商場，那有整排的鳥店，他很快地在各個店把所有的小鳥都看了一遍，但都沒有引起法王的興趣。」

我們離開這個區，法王開始指揮荷姆斯「在這裡左轉，現在右轉…」，他就這樣轉進了完全未知的領域。大約過了十多分鐘後，荷姆斯認為法王正在跟他開一個大玩笑（他有完美的幽默感），他對整個巴黎地區的方位是完全沒有概念的。荷姆斯在迷路時感覺到焦慮不安，但當法王說：「左轉」時，他有一種如釋重負的成就感，馬上鬆了一口氣，因為街上的告示寫著路的「盡頭」。玩笑就跟這個告示一樣：結束了。

法王很開心的走出車外，一直走到這條街盡頭的寵物店，直接就站在那隻他想要的小鳥前。法王帶著那隻小鳥回到車上，看著一臉芒然的荷姆斯，尊貴的法王熟練地指揮荷姆斯送他回到他下榻的飯店，「這真讓我驚嘆不已。如果你問我：『這比衛星導航還好嗎？』『那當然，誰不要一個有著法王優美聲音、而且還能分分秒秒保護自己的衛星導航呢？』」[26]

---

26. 參見 Naomi Levine（2010 年 8 月 17 日），網站「Kagyu Monlam Blog」之 " Better than SatNav" https://monlam.wordpress.com/2010/12/31/better-than-satnav/

5. 知三世……點點滴滴皆加持

在 1976 年第一次見到噶瑪巴的歐瑟（Ossel）說當他在隆德寺前從卡車走下來時，當時並沒有人知道他要來，但有一位喇嘛下到廣場來接他，顯然是法王派他來的。「那個喇嘛拿著我的行李，然後我們跑向法王的夏宮。他們拉著我「進來，進來，進來」當我穿過客房時法會特有的嘎鈴聲音已響起。法王正坐在夏宮外，靠著牆的一張法座上，他看著我然後將他的黑寶冠戴在頭上。我當時什麼都不懂，那是我第一次見到法王，似乎所有的事情都同步發生，每個時間點都被掐得精準。他進入了甚深禪定之中，我們就好像被融化了一樣──我進入了他的生命、他的世界。很自然地，好像每件事都在舞動。」

當法王到西方訪問時，在荷蘭的鄉間，歐瑟開著車，法王說我們要去一個很有名的飼養者那裡買鳥，途中，路經一個小村落，法王說停在這兒。「我們走到一座非常簡單的房子前面並按了門鈴，這家的女主人出來應門。我問她家裡是否有任何的小鳥？她說有啊！她請我們入屋並帶我們到後院，她的先生在那兒，鳥兒們就坐在他的手及雙肩上。尊貴的法王特別喜歡胡錦雀。本來是那名男子與一些鳥在一起，很快地他們兩個就持續地與鳥說著話，他們的聲音極為美妙，能夠聽到真的是永生難忘。那個男子拿出了一個很大的鳥籠，並且把一隻病懨懨的鳥放在法王的手裡，牠立刻就振翅飛走。男主人放了些鳥到籠子裡並把它送給法王，也就是我們拿了他的小鳥，但我們不用付錢。事實上我們根本就沒有見到那位有名的養鳥人。」

　　還有一次歐瑟正開著車前往安特衛普（Antwerp）要去見法王，天空出現了一道彩虹，每次去見法王一定都會看到彩虹。「法王每次總是給我禮物，各式各樣的東西。我開著車想著一枝非常漂亮的中國亮漆筆，我真的很想要擁有那枝筆。當我到了，我向法王頂禮。我看到他伸手到襯衣裡拿出一枝筆，他的手就伸在我可以取得的位置。瞬間，他以非常開心的笑臉看著我，並用另一隻手把握在手上的那枝筆抽了回去。他的笑及個人特質融化了一切，我的念頭完全空掉了，當下這個課程對我的人生太重要了。尤其在一尊佛的面前，我完成了這個課程，這是多麼大的加持啊！

　　還有一段時間我負責一些屬於法王私人重要文件的整理，因此與外界的聯繫完全斷絕。我花三個月的時間完成了這項重責大任，就在圓滿的那天深夜裡，我發現自己開著車在里爾（Lille）的路上，正在尋找旅店，沒有人知道我在哪裡。半個小時後我找到了旅店，當然，我並沒有事先訂好旅館，就在我走進房間時，電話的鈴聲同時響起，是法王！電話直接從櫃檯打過來的。

　　我跟法王說：『我發現自己對於過去這三個月所做的一切感到相當的困惑。』在電話那頭法王對我的修持給予鼓勵，並且肯定我所做的一切。

　　這些屬於我自己人生中的插曲，及和法王在一起時的點點滴滴，這對我而言是永恆的。」**27**

---

27. 參見 Rager Ossel（2010 年 12 月 21 日），網站「Kagyu Monlam Blog」之 " The Knower of the Three Times" https://monlam.wordpress.com/2010/12/21/knower-of-three-times/

法王這趟的出訪，分別在四大洲會晤各個國家的領導，宗教界領袖和長老們，並接觸各國藝術界大師多人，法王把他對世界和平、人道關懷、愛護生命等表達了自己的看法，並與各界領袖作廣範的交流。

　　法王此次的歐洲弘法之行，由阿貢仁波切帶領桑耶林的弟子所策劃，由發明家博納德・本森（Bernard Benson）供養給法王在多爾多涅的土地，依照原計畫，將會在此地蓋起一座啟動屬於噶舉傳承新的寺院及中心，到時法王在歐洲的法座將在此地標誌出佛陀教法的新紀元。雖然，時過境遷之後，此地可能會成為噶舉弟子的痛心之處，但相信只要正法能在當地駐世，這也就是聖者最初的心意了。

　　法王在歐洲轉動法輪所到之處，一再一再的喚醒人們內心深處的善良本質，及深入自身精神層面的潛能。法王之於歐洲，就像初出地表的清晨陽光，輕柔的溫暖著大地，滋養豐潤著所有的生命，剎時，百萬朵的鮮花綻放出它們的生命力，向四面八方飄散各自的清香，以莊嚴彼此的佛道。

　　過去從不曾有哪個弘法上師或佈道者，能向四周散發出這麼強烈直接的善良、且充滿喜悅的力量，法王的開示通常簡短有力，在權威中自然地流露出智慧與無懼。他的每個動作都充滿鮮活的正念，他以慈悲的溫暖及敏銳的洞察，關懷著他身邊的每一個人，他所到之處都散發出光明與希望。

　　法王離開歐洲要前往美國之前，指派竹清嘉措仁波切為法國多爾多涅噶舉中心的住持。年輕時的竹清嘉措仁波切像個自在不拘的遊方僧，他經常在人煙罕至的荒野行腳，於屍陀林及深山禪坐苦修，

他的教學最為人所樂道的是：無時無刻都能以道歌指引弟子心性，被喻為近代的密勒日巴。

竹清嘉措仁波切從此在歐洲成立佛學院及翻譯中心，並在多爾多涅附近的普甲城堡成立噶舉大乘佛學院（La Poujade），是噶舉在歐洲的首座佛學院。仁波切的弘法足跡廣佈歐洲、美洲及亞洲，就如法王說的，我們會一再、一再的聽到他的名字。

這一年的 7 月 28 日，中國發生唐山大地震，24 多萬人死亡，16 多萬人受傷

6. 紐約見即解脫黑寶冠加持典禮

法王二度回到美國轉動法輪，分別在加州 Palo Alto, Santa Cruz、俄亥俄州、Columbus、麻州 Cambridge 及紐約州 Albany 成立了更多中心。

法王在紐約飯店舉行慈悲的「見即解脫黑寶冠加持典禮」，尊貴的創古仁波切也陪同法王前來紐約轉動法輪。法會開始之前，先由堪布卡塔仁波切為大眾傳授法教，這是仁波切第一次在紐約面對數千人作開示，他以尊貴的法王其殊勝的特質作為開場。法王具有太多的功德與特質，無法細講只能概說，大寶法王噶瑪巴是佛、是法、也是僧，大寶法王之於我們如父、如母、如醫生；他如月、如日，是明燈；他是我們熱惱時的涼蔭，是我們黑暗中的光明。最後仁波切說道：「我們能在這麼好的環境下，如此近距離的接觸到法王，這在過去的西藏是無法想像的。法王的慈悲願力，讓我們有了這樣千載難逢的機緣，我們何其有幸！但身處幸運還不夠，我們要實修，

這才是最重要的，也才不辜負我們此世遇到佛法，遇到聞聲救苦的觀世音菩薩——尊貴的大寶法王噶瑪巴。」

接著由法王主持智慧寶冠加持典禮。

7. 法王在哈佛神學院

1976 年的 12 月 7 日，法王身穿一襲傳統的藏紅色長袍，被十餘位仁波切及喇嘛們一路簇擁著，在舉世聞名的哈佛大學神學院，[28] 為近百人宣說釋迦教法。

在西方人的眼中，法王噶瑪巴，是整個藏傳佛教世界裡，排名第二高位的轉世上師，法王此次到美國，正在進行為期三個月的教法弘揚之旅，為美國信眾帶來佛法慈、悲、喜、捨的精神。此次到哈佛轉動法輪，是應神學院哈維考克司湯瑪斯（Harvey Cox, Thomas）教授之邀而來。

法王坐在由美國國務院安排的豪華轎車裡，在警車的護送下來到哈佛大學弗蘭西斯大道（Francis Avenue），法王一踏出車門，風靡全場的進到世界宗教研究中心，下午 5 點鐘一到，對著 20 多位記者舉行新聞發布會。法王說他的宗教強調「『無常』自然的存在」及「永恆的心性」和「待人以慈悲」。這也是釋迦教法的心髓。

28.「哈佛世界宗教研究中心」由一批匿名者所捐助，於 1958 設立，旨在讓神學院的學生有機會去研究學習各宗教的精神，在宗教名號之下真正的宗教教義是什麼，希望透過學習和研究，讓各宗教間建立起對彼此更廣泛的了解、互相尊重，並且發揮宗教的互助精神，以避免人類以宗教之名，而行攻打掠奪之實，進而引發戰爭的殘忍與悲慘下場。

　　下午五點半在安多福（Andover）接待中心，噶瑪噶舉傳承持有者：第十六世大寶法王噶瑪巴，從考克司（Cox）和神學院院長克理斯特斯騰戴爾（Krister Stendahl）手中接到數份包裝精美的禮物，包括一座微型的自由之鐘。[29]在供養這些紀念品時，考克司說道：「我們一直認為創立於 1636 年的哈佛是一所相當古老的大學，但在法王您面前，我們覺得非常的年輕。」此話一出，引得哄堂大笑。

　　斯騰戴爾在神學院教職員、學生、記者及法王美國的追隨者面前說道，在東方與西方文化的融合中：「在這個世界裡，耶穌的見證人將會在東方出現，而佛陀將有見證人在西方。」接著介紹從東方代表佛陀前來的第十六世大寶法王噶瑪巴，他此次再度蒞臨美國轉動法輪，希望能把東方探討精神層面的理念與方法，及發自內心慈悲護生的觀念與實踐，帶到這個年輕的家國。

　　法王噶瑪巴在接待會上說道，在不久的將來，噶瑪噶舉會在紐約上州卡美爾（Karmel, N.Y.）地區的肯特鎮，一塊信徒所捐獻 350 英畝的丘陵地上，蓋起一座藏傳寺院，並籌組一個佛法研討中心，寺院會包括有圖書館、語言實驗室、及研討會的場地。法王希望能把此中心當成是人們得以學習佛陀教法的源頭。

　　最後，考克司宣佈法王將於明天，也就是 12 月 9 號在波士頓（Boston）給予公開的金剛寶冠的古老灌頂加持，這個典禮絕對比

29.「自由之鐘」代表美國解放黑奴，讓他們獲得自由，就像林肯說的「希望普天之下的人都能得到自由。」也以「鐘」帶表希望不管時間如何的改變，不管時代如何的更迭，世人一定要互相尊重，彼此慈愛，這與「哈佛世界宗教研究中心」的精神，及法王在哈佛的開示完全的吻合。

美國的歷史還悠久。對佛教徒來說，這個加持典禮無比的神聖，只有具有緣份的人才有機會參加。而且據他所知，藏傳佛教當中只有法王噶瑪巴，有資格舉行此項殊勝無比的加持典禮。

考克司接著講到，法王的弟子告訴他，透過金剛寶冠加持典禮，法王噶瑪巴會把心性中光明的力量，及覺醒的智慧直接傳遞給與會大眾，讓大家種下解脫輪迴的種子。如果信眾的緣份成熟了，也有可能在典禮的當下，瞥見自己的本來面目，這就是佛教裡面講的「見即解脫」。

8. 沈居士捐地，因緣具足 KTD

由於法王初訪美國時，他自身的慈悲特質及弘法的廣大願力，深深的感動了沈居士，進而促成沈居士想將藏傳佛教留在美國的發心，希望法王能在美洲的土地上建立起法座。這次出訪，法王正式接受沈居士所供養紐約城北約五十哩，位於哈德遜河谷博南郡（Putnam County）肯特鎮（Town of Kent）的土地 335 英畝（相當於 139.36 甲）。法王在當中選定了一塊在 35 英畝濕地邊緣上的高地，準備將來把此濕地開闢成湖，寺院則建在稍高一點的丘陵地，這樣就形成了前有水流，後有山陵屏障的絕佳地理位置。法王給沈居士所捐的這片山林取名為「諾布林」（Norbuling）。

沈居士又為法王在那塊地的附近買下一間房屋，作為整建寺院人員的臨時住所。這年的二月，在沈居士的幫忙下，堪布卡塔仁波切拿特殊的醫療簽證來到美國。仁波切初來時身體非常的羸弱，沈居士安排他先住進醫院一個月。出院後，仁波切跟三位比他早到紐

約的喇嘛貢噶（Lama Ganga）、 耶謝南達 （Yeshe Namdag）以及天津確尼 （Tenzin Chönyi），一起搬到沈居士所買的房屋，馬上投身整地建寺的浩大工程中。此時位於紐約市的 KTC（Karma Thegsum Choling）已成立了，是噶瑪噶舉北美 KTD 所屬 KTC 系統的濫觴。

沈居士特別邀請法王前往肯特鎮，為所捐贈的 335 畝土地作法律上正式的供養。當時一切所需的文件都已準備好，決定正式簽字。沈居士回憶道：「大寶法王及他的幾位仁波切和隨行人員等都已住在之前所購置的屋子裡，客廳布置得相當華麗，屋外也掛滿了西藏旗幟，充分展現出藏傳佛教寺院的風格及莊嚴氣氛。當我到那所房屋去謁見大寶法王時，他們還特別吹起號角，以示隆重。」

「正當我走進廳內，向大寶法王頂禮時，掛在牆上的一張法王的法照，忽然應聲掉了下來，當場氣氛瞬間凝結，隨從臉上為之失色。後來我們準備簽字時，蔣貢仁波切將大寶法王常用的墨水鋼筆交給他，請他簽字，大寶法王簽了下去，可是筆中竟然沒有墨水。這樣的結果，又讓大家一陣忙亂，趕快換來另一枝筆，才完成了簽字蓋章的儀式。」

1977 年五月的紐約，大寶法王在他所選定的地方，舉行灑淨加持儀式四天。第四天的來賓約三百人，包括了當地的鎮長等政要，都蒞臨此一歷史性的盛會。儀式在一個大帳篷中舉行，就在儀式進行之中，忽然烏雲密佈，大雨傾盆，一時風聲、雨聲、號角聲，鈴聲、鼓聲、嘆息聲混成一片。事後沈居士回憶起來，實在感到有些不可思議。風停雨歇後，當他們走出屋外時，發現法王前一晚用石頭在地上擺設的道場壇城模型，已被大雨沖刷紛紛走位，有部分甚至不

見了。

縱然當時所發生的種種的情況令人不解也有些尷尬，但隔天法王一行人繞著「諾布林」散步時，法王突然跟堪布卡塔仁波切說：「雖然我把這個地方取為「諾布林」，但我們應該叫它諾布崗（Norbugang）。」法王特別交代堪布卡塔仁波切，他必須在隔年的薩噶達瓦節（Saga Dawa）為新的寺院開光；仁波切環顧四周馬上回覆法王：「是的，那當然。」但仁波切說他當時實在不知道法王真正的想法，所有種種徵兆不是已經在說明一些事了嗎？但依於對上師無比的信心，仁波切相信不管法王說什麼、做什麼，都是他無礙智慧的展現，必定會實現。

沈居士接著說：「以大寶法王的修持及經驗，我絕對相信，他對這塊地因緣不具足的事實，一定比我們更敏感。所以在灑淨儀式之後，除了繼續留守工作的三位人員外，他們一下山就積極地尋找其他的地區。幾個月後法王告訴我，他們在紐約上州的屋斯達克（Woodstock）看中了一家有四、五十個房間的旅館，因主人年事已高，正在廉價出讓。旅館在山丘上，氣勢不錯，也有足夠的土地可供做擴充。法王問我願不願意助他買下那邊的土地及旅館，他願意歸還此間的三百多畝土地，因為那邊有現成的房舍，他們可以立即成立道場，接引信眾。我完全同意他的看法，並遵照他的意思辦理。各位如果到過 Woodstock，看到現在他們新蓋好的華麗莊嚴的藏式寺院，不能不欽佩大寶法王當年的明智決斷。而我，這二十年來，深深地體會到，要在一片荒山中建造起一座寺院是何等的艱難辛苦啊！現在回想起來，如果沒有這類因緣不具足的徵兆出現，他們也

沒有另外去找地方，就不會去看 Woodstock 這有四、五十個房間的場所，而只是堅持在這塊地上開山闢路，整治用地，一切都要從頭做起，KTD 絕不可能有如今的成就。」

事實上，法王已經發現雖然肯特鎮的那塊地面積廣大，但由於諸多現象顯示，似乎並不適合作為噶舉的傳法中心。恰巧蔣貢仁波切與喇嘛洛那聽說在紐約上州屋斯達克（Woodstock, New York），綠茵山（Meadow Mountain）上有家舊旅店正在出售，他們前往察看，發現房舍雖舊，但稍加整修還能先湊合使用，旁邊尚有土地 20 餘畝可以擴建，價格馬上就談妥，當下拍板成交。

之後由大寶法王與沈家楨居士商量，由沈居士收回之前所供養的 335 畝土地，另行供養位於綠茵山上的土地及房舍，作為法王在北美的主要弘法道場，以接引眾生。法王噶瑪巴在美洲的主座所在位置，在這一年算是圓滿確定落腳於此處了。此時旅店的山坡上綠草如茵，嫩芽初發，紅花與綠葉交相掩映，山林原野間充滿著一片欣欣向榮的氣勢，就像噶舉的法脈在世界各處開花散葉，遍覆各大洲，法音嘹遶滿虛空。法王弘揚教法的腳步亦步亦趨，毫不停歇。這是 1978 年的春天，

堪布卡塔仁波切第一年在紐約除了負責寺院的整建計劃外，也往返紐約的 KTC 教學。這一年，仁波切的健康大有起色，他面謝法王派他到紐約，一方面承擔 KTD 住持的任務，一方面治療身體的救命之恩。法王回說：「是啊！如果你現在還在印度，已經命在旦夕了。」

9. 佛蒙特報導，播下解脫種子

在創巴仁波切的安排下，法王一行人在佛蒙特州舉行了一場，在美國電視史上首次的藏傳佛教電視弘法，法王帶領蔣貢仁波切及八位喇嘛，在現場示範了藏傳佛教的修法，並對主持人的提問一一回答。這場藏傳佛教的電視佈道及問答名為「佛蒙特報導」，對藏傳佛教在美國而言，這絕對是空前的創舉。

會場的布置簡潔中別具莊嚴，以釋迦牟尼佛唐卡為主的壇城，供養有食子、寶瓶、花、香及燭，法王的法台稍加墊高並鋪上大小合宜的的地毯，法座則鋪著莊嚴布，法王端坐其上，王者風範盡顯其中。在主持人的示意下，就在光潔明亮的燭光中，由隆德寺的維那師圖殿桑波帶領大家，以尋求和諧並請求三寶加持的皈依發菩提心及四無量心開始，當維那師低沉渾厚，充滿慈悲與生命力的聲音一出，為藏傳佛教的儀軌念誦力道在美國寫下一個新的里程碑。在鼓聲、嘎鈴聲及法王手中的金剛鈴聲中，迎請諸佛菩薩降臨，一場即席修法，豐富了北美的宗教心靈空間，震撼了多少人內心深處最柔軟善感的浩瀚廣闊，法王噶瑪巴正用他無礙的出世智慧，善巧的播下解脫輪迴苦海的種子，在西方先進的科技下，在無遠弗屆的電視台。

主持人略述法王的生平，從出生、受教到出走印度，在錫金設立噶舉法座隆德寺等，並透過翻譯阿契，歡迎法王來到今天的現場。在對法教的觀點中，法王開示：「雖然佛法有三乘之別，密乘有四派之分，但全部的源頭均來自本師釋迦牟尼佛。噶舉的意思是口傳（Ka），傳承（Gyu），是屬於金剛乘，始於印度八十四大成就者

之一，證悟的瑜加士帝洛巴，他是直接由法身金剛總持的報身受教；帝洛巴之後依次為大學者那洛巴；將梵文佛經典籍帶回西藏的大譯師馬爾巴；大瑜伽士密勒日巴，及曾被佛陀預言的證悟者岡波巴，及其弟子第一世噶瑪巴杜松虔巴。」

　　當主持人想知道為什麼噶瑪巴能夠成為藏傳佛教噶瑪噶舉派的持有者時，法王謙遜的說他不知道，並笑容滿面的指著陪在一旁的蔣貢仁波切。當仁波切用著藏文回答這個問題時，法王非常專注的聽著仁波切所講的內容。蔣貢仁波切以他那柔和輕緩的聲調說道：「噶瑪巴，這位行佛事業者，他的佛行事業在 2,500 多年前，釋迦牟尼佛就曾預言授記了。他的大手印教授是直接從金剛總持而來，黃金珠鬘的傳承不曾中斷，第一世嘉華噶瑪巴－杜松虔巴大寶法王，它名字的意思就是三世智，能遍知過去、現在及未來。依據大寶法王所創立的轉世系統，他會在生前寫下一封有關下一個轉世的預言信函，內容包括了在何年、何處可以找到他，他出生附近的環境及其父母的資料等。」

　　主持人的另一個問題是在美國廣為人知的藏傳佛教的代表人物是嘉瓦喇嘛，他個人認為大寶法王與嘉瓦尊者應該具有同等的層次與地位，但他想知道法王的教導精髓是什麼？法王開示說：「一個人要運用佛陀所講的教法，努力實修以解脫輪迴。我們要對眾生心懷慈悲，帶領他們離開輪迴，證得究竟的佛果。不管是嘉瓦喇嘛、我，還是薩迦法王或敦珠仁波切，我們的教義皆相同，都是為了要幫助眾生去除無明遮障，幫助眾生從輪迴的深淵中解脫，最後了悟自心本性，成就正等正覺。

「藏傳四大教派名稱上看似有異，但修持的果都一樣，因為所有眾生的本質都相同。上師授業弟子以慈悲，弟子受教上師以虔誠，透過傳承祖師的加持，及師徒之間的心續全然的融合，弟子就可以得到完全的證悟。從法教的觀點來看，剛開始修持時，我們要透過禪修，持之以恆的練習，慢慢的會進步成長，漸漸地進到更高的層次。」

主持人問到，佛教徒在以基督教、天主教為主的國家是少數中的少數，如果有人看了這個節目後對佛法或噶舉傳承有興趣，要在哪裡領受法教呢？法王表情非常認真的說道：「在美國有很多由秋陽創巴仁波切所領導的佛法中心，在此地則有噶瑪秋林（Karme Choling），意思是噶瑪噶舉佛行事業處。另外還有噶瑪達珠以及噶瑪迦珠等中心，這些中心都可以給予佛法學習上的幫助。」

以我個人而言，這是我第二次訪問美國，我深切感受到大家對佛法真誠的興趣，大家對佛法有自發性想要更深入了解的意願。來到美國我遇到很多人，我會把這些人都放在我的心上，在對這些人做教法的引導上，我內心有個藍圖，雖然實現這個藍圖是個艱鉅的使命，但我會想盡辦法克服所有面臨的困難，一定要在美國建立起跟西藏一模一樣的修持環境，以幫助眾生了脫痛苦的輪迴。我一踏上這片土地，就已經感受到大家對佛法的仰慕及渴望。對我來說，在此地建立起保存佛法真正精髓的寺院，是件非常重要的事情。目前有功德主供養紐約肯特鎮三百多畝的土地，我們可以蓋起寺院、圖書館、翻譯中心、唐卡製作處等，以及由常住給予大眾佛法的教授及禪修的指導，這是使這塊土地發揮其地利最好的方式。」

　　法王繼續說道：「在佛蒙特州，創巴仁波切創立了第一個中心，目前有 150 個追隨者。我內心感到欣慰的是，人們對於聽聞佛法以及作實修感到振奮，這些學生跟佛法都很相應，這也鼓舞了我。」

　　由於時間的限制，最後節目只剩 90 秒了，主持人請求法王加持這紛擾的世界能得到寧靜和平。法王帶領眾人雙手合十為世界和平遠離戰亂而祝福，為這場藏傳佛教西進的電視弘法畫下圓滿的句點。

　　法王說的沒有錯，要在一個基督教、天主教系統已經非常成熟的環境下，引進新的教法思維相當不容易，要蓋起藏傳的寺院更是困難重重，從適合的土地取得到真正的讓寺院拔地而起，都非幾個月或一兩年就能成辦的。畢竟這是美國，一切講究法律條文，從房子的面積大小、格局、形式到外在的周圍樹木的數字，都有其規範，所有事情都有其步驟程序。但這艱難的考驗更彰顯教法的殊勝珍貴。法王有其出乎常人的意志力，雖有困難也必能克服，因為一佛出世千佛護持，傳統的藏傳佛教寺院在法王的加持下，幾年後真的在紐約上州圓滿落成，開啟藏傳佛教西傳的新頁，所有的加持，都會從這裡開始，因為這是十六世大寶法王廣度眾生的內心藍圖。

10. 無常的本質

　　11 月，法王從紐約來到夏威夷時，與他的弟子華德荷姆斯（Ward Holmes）重聚，他的藏文名字是「永度」，他也是法王在夏威夷弘法之行的司機，法王還為此次的會面特地送給他一套西裝，作為闊別多年後的見面禮。

永度覺得法王有時候也會運用他的超越常人的能力，做一些別人不知道，旁人也很茫然的事。它不一定是惡作劇，但確實可以化解一些不必要的尷尬。在當時可能會覺得事情的發生真不是時候，難道是障礙現前嗎？但回過頭來看，卻會發現除了能力之外，那更是一種善巧方便。事實上，那是無上的加持。

法王在夏威夷時有一個當地的佛法中心邀請他去參加一場歡迎會，以當地的民俗風情來講，很自然地會安排夏威夷歌者和呼拉舞者的表演，但法王對這場歡迎會似乎不感興趣。「那天，當我去接他要前往會場時，法王卻在車上告訴我，現在我們應該要去吃午餐。」永度告訴法王歡迎會的時間就要到了……，但噶瑪巴卻說：「不，不，不，我們要去吃中國菜。」所以他們就在中國餐廳吃了一頓非常、非常久的午餐。

午飯後，總算要動身前往了，就在往佛法中心的路上開車開了一個多小時之後，法王突然開口說：「啊！我把痰盂忘在餐廳了。」想當然爾，他們得馬上掉頭回去取痰盂，再一路飛奔去佛法中心，趕在歡迎會結束前抵達。然而，就在他們回到那個餐廳時，偏偏車子壞了，但天知道，那可是一部嶄新在當時性能最好的全新凱迪拉克啊！

永度說當時車子的動力只足夠他把車子滑進一個停車場。之後，他給佛法中心打了個電話，告訴他們車子壞了，中心得派部車前來接走這一行人。此時佛法中心的人只會想，就是永度的車故障壞了事，但沒有人會想，一部全新的車有什麼理由會在這個時間點上壞掉。結果事後，永度發現新車不過是有條小保險絲燒掉而已，但這

卻足以讓法王趕不上那個歡迎會。不過,當法王抵達中心時,迎賓歌舞已結束,但其他所有在場的人仍然可以見到法王。還有什麼人可以讓所有的事情在理所當然的時間與地點逐一發生,而不露出任何的痕跡呢?

就像大多數的西藏人一樣,法王一生與酥油茶離不開關係,也因此造成他動脈的問題,尤其中年過後,他的身體也開始出現一些症狀。永度身為內科醫生的父親為法王檢驗了他的血醣指數。他很緊張的跟法王說,他的指數已經超過正常值的三倍,一定要馬上住院。法王笑著安慰他說不要緊張,他正用自己內在的方式控制著自己的健康,他知道自己在做什麼。永度的父親對這個答案充滿了震驚,但他面對的是法王而非一般的患者,因此除了訝異外,也不能採取任何的行動。[30]

隔幾天,沈居士特別安排了一位世界頂尖的醫生前來夏威夷幫法王再次的檢查,但檢查的數據顯示法王的健康狀況非常的良好,這樣的結果讓在場所有的人倍感困惑。尤其永度的父親以行醫多年的經驗,完全無法理解這當中到底那裡出了問題。喇嘛耶謝說這些事一般人是無法理解的,法王正在給我們上一堂活生生的「無常的本質」的課,這一刻他可能是生病的,但下一刻卻好像什麼都沒有發生過。西方科技製造出來的精密儀器,它們所能顯示的只是數字,但法王所示現的是他那浩瀚無邊不可言說的內心世界,它無影、無

---

30. 參見 Mick Brown 著,"The Dance of 17 lives: The incredible True Story of Tibets 17th Karmapa"(中譯本《大寶法王 / 千年一願》)

蹤，無色、無相，卻可以把所有外在的數字，以他內在方式將它們做最完美的排列組合。

11. 能讓佛法興盛的地方，那就是我獨立的地方

11月15日，法王應邀為座落於茂宜島（Maui）的北美第一個舍利塔主持開光儀式，他在噶鈴聲中從山丘上穿過人龍，通往舍利塔的小徑兩邊除了擠滿各色人等之外，也來了非常多的小朋友，他們的手上都捧著鮮花，其中一位小女孩把她手上鮮麗欲滴的紅玫瑰獻大寶法王，法王笑容滿面的接過那朵鮮花，就在嗡瑪尼貝美吽的念誦聲中，笑容滿面的步向舍利塔。他坐在事先準備好，像國王寶座的藤製高背法座上，雙手合十帶領僧眾念誦祈請文，接著起身一邊繞行舍利塔一邊拋灑加持米，神情專注且雍容自得。儀式圓滿離開前，法王在舍利塔正前方供上哈達一條、鮮花一串，以此祈願世界和平、佛法昌隆，風調雨順、百姓安樂。法王臉上的笑容如晴空般的廣大，如大海般的遼闊開朗。

這個依山面海，景致無邊開闊的舍利塔所在處，日後將成為竹清嘉措仁波切，帶領學生跳舞、唱道歌的最佳聖地。

過幾天，法王再度為茂宜島上的大佛主持一場加持儀式。是日晴空朗朗，微風徐徐，法王戴著金邊眼鏡，就在噶瑪巴千諾及嗡瑪尼貝美吽六字大明咒的祈請聲中，與萬德寺禪師的引磬及傘蓋的迎請，由蔣貢仁波切等喇嘛們的陪同下，穿過兩側長長的人龍，從山丘上怡然自得地走進會場。首先由蔣貢仁波切及譯者阿契，一起禮佛三拜，法王則行九十度大鞠躬禮三次。繞佛一匝之後，在引磬、

噶鈴及六字大明咒的唱誦聲中來到萬德寺，法王登上法座笑容燦爛，隨後舉行見即解脫的黑寶冠加持典禮，會後逐一為與會者摩頂加持，並送給每位參與此盛會的小朋友一顆糖。

這次在夏威夷的法會現場，很特別的是，可以看到很多嬉皮打扮的人士，大家也似乎都沉浸在黑寶冠的無限加持之中。會後法王出其不意的給予破瓦法的加持，這個加持的力道前所未見，據說當時有人覺得自己被一股無以名狀的力量衝擊到要昏倒，也有人覺得他被閃電擊中了，感受或許不同，但一樣的是，他們都覺得心智在當下清明了起來，似乎是進入一種所謂的禪定狀態。根據後來法王的說法是，這些濫用大麻的男男女女如果不用這麼強大的力量，根本無法把他們從昏沉呆滯中喚醒。[31]

離開美國之前，有記者訪問十六世大寶法王：對於西藏獨立問題的看法是什麼？當時十六世法王告訴他：「對我來說，能讓佛法興盛的地方，那就是我獨立的地方。」

法王一行人圓滿了第二次的歐美弘法之旅，此行正如法王所希望的，在歐洲轉動法輪超過六個月，他的足跡踏遍了大部分的歐洲國家，法王足跡所到之處，也是日後藏人離開印度的再次落腳處；他所到的每個國家，也都將成為未來藏人流亡海外的安居處。法王的每個步伐，皆帶動了佛陀教法在世界各地弘揚的契機。

---

31. 參考 Youtube" 16th Karmapa in Maui 1976,Part 1"，網址 https://youtu.be/5qoO6uD6Scw 與 " 16th Karmapa in Maui, Part 2, The Stupa Consecration "，網址 https://youtu.be/11R-yEHvrYM

12. 數百座佛法中心在世界各地開花散葉

法王在年底回到印度，抵達之後便開始整修在加爾各達的寺院，並且派出 30 位喇嘛長駐於世界各地的中心，指導引領眾多的弟子一起走上佛法的解脫大道。

接著，應烏金祖古仁波切之邀請前往尼泊爾為他新的寺院納吉貢巴（Nagi Gompa），及佛像主持開光大典，並給予灌頂，之後並為這些祖古、喇嘛及在家眾開示一個月。

當時尼泊爾的國王及皇室成員也前來參加開光慶典。法王跟當時的國王賈來德拉（Gyanendra, 1947/7/7--）說，希望他能好好照顧這些寺院，因為它們是殊勝三寶所依之處；並請求尼泊爾政府能保護並協助從西藏逃難到當地的藏人，因為他們已經無家可歸。

法王自尼泊爾回印度，抵達首都新德里（New Delhi），印度政府為法王的停留做了所有必要的安排。在此，他與總理英迪拉甘地（Indira Gandhi）見面，在這次會面中，印度政府表達想要供養法王一塊在新德里的土地，以作為法王建立寺院之用。

1978 年，法王位於屋斯達克的北美主座 KTD，正如第十六世噶瑪巴所預言的，果真在 1978 年 5 月 25 日，藏曆的第五個月的第 15 天，也就是薩噶達瓦節，由堪布卡塔仁波切為整修好的佛堂主持了開光典禮，並由法王指派堪布卡塔仁波切擔負起寺院住持的責任。

此後巴都仁波切、堪布卡塔仁波切、數位僧眾和幾位義工，開始為將來要啟建的大寶法王法座 KTD，投入篳路藍縷的草創艱辛工作中。當第十六世大寶法王要離開美國時，特別囑咐卡塔仁波切五

件事：一、 建立起屬於傳承的寺院，無論大小；二、 要有存放經典法本的地方；三、為所有 KTD 的分院命名；四、為所有完成四加行的弟子傳授噶瑪巴希的法教；五、成立閉關中心。

1979，法王認證了第七世詠給明就仁波切。

11 月 28 日，第十六世大寶法王噶瑪巴，為座落在新德里東南方噶瑪巴國際佛學院（Karmapa International Buddhist Institute，KIBI）舉行動土典禮。印度總理和首相都到場觀禮，此中心之主要功能是禪修、學術研究和翻譯工作。

法王同時在新德里創建噶瑪法輪中心（Karma Dharma Chakra center），此中心被視為溝通東西方的橋梁。到這一年為止，法王已創建美國噶瑪三乘法輪中心（Karma Triyana Dharmachakra）、歐洲的達波噶舉林寺（Dhakpo Kagyu Ling）和不丹的創古札西確林寺（Tashi Choeling），並且在印度、尼泊爾、不丹、東南亞、香港、歐洲、非洲、北美，全世界各地建立了數百座佛法中心、道場和寺院。這對日後整個藏傳佛教在世界各地開花散葉，奠定了廣大且深厚的基礎。

法王在德里主持佛學院的動土儀式後，身體感到不適，到醫院檢查後疑似有癌症的徵兆。

1980 年，年初，法王身體又出現違和，在錫金總理及前總督的請求下，法王被送往位於德里的全印醫藥科學院（All-India Institute of Medical Sciences）進行檢查與治療。經過一個月的治療法王完全康復，之後，他就返回隆德寺。

在此同時，由於中國政府的開放政策，與西藏的通訊往來被打通了，許多藏人請求法王認證過去這 20 多年來，在西藏圓寂又再轉世的祖古們。這段期間法王共認證了 32 位轉世祖古。

法王噶瑪巴的健康又出現異狀且體重直線下降。他到新加坡並接受建議動了胃部切除手術。

第八章：三轉法輪於世界

去除法道障礙，助眾生探究圓滿智慧

　　雖然身體違和，1980 年的五月，十六世大寶法王還是進行了他的第三次世界弘法之旅，這期間他訪問了希臘、英國、美國及東南亞各國。

　　法王在美國首都華盛頓（Washington, DC）受到溫馨且熱烈的歡迎，政府部門透過信函表達感謝法王的來訪。最重要的是，來自伊利諾州的美國參議員查爾斯波西（Charles H. Percy 1919-2011) 及其家人以恭敬和虔誠之心為法王在首府的豪宅安排了午宴。在一場為政府要員的演講中，法王廣泛地的談到佛法及世界和平與人類的幸福。

1. 供養黃金水，去除障礙

　　當法王在紐約弘法時，位於丘陵上方的 KTD 正為夏季缺水所苦，寺院試著要打一口井，但一直打到地下五百呎深（一呎約 30.48

公分）仍不見滴水，因此執事天津碓尼不得不打電話向法王求救。法王告訴他，這須要請巴都仁波切及其他喇嘛一起修一場「供養黃金水」的法會儀式。「黃金水」是由黃金及各種珠寶以一定的比例，研磨成粉末後，混合在一起，再加上淨化後的甘露水調合而成。法王說他看到美國的原生神祇，全身為金黃色，他用手把地下水源整個給覆蓋住，以阻止水漏進井裡。法王當場口授蔣貢仁波切一段儀軌，對「大地的金黃護衛」作廣大的讚頌，並請他不要障礙法王的佛行事業。這段儀軌直到今日一直都列在 KTD 的日常課誦之中。

當巴都仁波切帶領的 KTD 僧團修「供養黃金水」法會圓滿之後，井裡馬上溢出水來。法王開示說：「『大地的金黃護衛』是美國非常好的護法。」

法王特別在美國東北角的新罕布什爾州（New Hampshire）戶外公園，舉行了一場別開生面的黑寶冠加持典禮。儀式由當地法師敲三響鐘聲揭開序幕，首先由蔣貢康楚仁波切為黑寶冠加持儀式為與會大眾作解說，黑寶冠是當今世界獨一無二的加持聖物，它具見即解脫的功德，也會為我們累積解脫的資糧。略顯消瘦的法王在嘎鈴的吹奏聲中走進會場，陪同在場的有巴都仁波切及本樂仁波切與喇嘛們。在法王登上法座之前，由蔣貢仁波切恭敬的將法王的紅色披衣取下，小心放好，座下參與盛會的有堪布卡塔仁波切及幾位 KTD 常住，以及以日常法師為主的一群身搭黃色僧服的顯教師父。法王在嘎鈴聲中登上法座，戴起岡波巴的法帽，在與會大眾供上請法的曼達後，喇嘛將擺放黑寶冠的錦緞盒小心的拿到法王面前，法王從盒中取出用莊嚴布所包裹的那條晶瑩剔透的水晶念珠，以及包在紅

色莊嚴布中的黑寶冠，加持儀式的正行正式開始，觀世音菩薩左手持晶珠，右手穩穩的托住黑寶冠，展現觀世音菩薩無限的慈悲莊嚴，對在場所有情與無情一切眾生放射出金色的光芒，全場屏氣凝神，連在座的小朋友都安靜無聲，此時除了嘎鈴及尚帶料峭的春風微微吹動外，參天的柏樹林裡四周寧靜祥和，大家都沐浴在黑寶冠的無上加持，及觀世音菩薩悲眼視眾生的情境中。加持圓滿之後，法王取下黑寶冠，並把澄澈的水晶念珠一起放回錦緞盒之中。

法王戴回法帽並中氣十足的開示道：「加持儀式已經圓滿了，透過這個加持，與會者都會得到法益，特別的是這個加持會為大家開創永恆的快樂及祥和，並為美國帶來和平。」開示結束後，法王仍挺直的端坐法座上，手握加持幢賜予與會大眾加持，出席者並獲贈金剛繩一條。有誰會想到再過不到幾個月的時間，眼前的聖者將化空離我們而去。他開示的聲音、他持咒唱誦的聲調、他的眼神、他的行誼、他的一舉、一笑都只能在回憶中尋找了。

2. 金剛乘將在此承傳

接著大寶法王造訪位於科羅拉多南方聖露易斯（San Luis）山谷貝卡格蘭德（Baca Grande）的克雷斯通（Crestone），此處是屬於當地原住民的聖地。當法王站在充滿生機的土地上，這讓他憶念起遠在西藏的家園。淨觀中，他看到在未來的世代中，藏傳佛教的生命及其獨特的禪修方式將在這片土地上被承傳下來——高聳入雲的山顛，蒼茫遼闊的平原，此時法王對這片土地有了清楚的預見。他期望在此地建造一座藏傳藥師佛的閉關中心以及一個完整的社區。

當時法王就在他眼前選擇了一塊地方，由地主、也是功德主的漢娜（Hanne）及莫里斯・斯特朗（Maurice Strong）提供了 200 英畝的土地。

日後，由一群西方弟子所組成的小團體在貝卡格蘭德開始實現法王的願望。1989 年，法王的法嗣之一，尊貴的第三世蔣貢康楚仁波切蒞臨克雷斯通社區。他要求噶舉弟子應該盡快在此建造一座 42 呎高的舍利塔，以淨化這片土地。[32] 在西藏的傳統上有八種不同類型的舍利塔，蔣貢仁波切選擇了「吉祥果蒙」（Tashi Gomong）舍利塔，它有許多高雅的門，代表佛陀教導解脫眾生的八萬四千法門。尊貴的堪布卡塔仁波切走進這片土地並坐在地上禪修數日，直到他發現建造佛塔的這塊地方是最神聖、且具足力量，他稱之為「大地之眼」。

這個時期的法王透過對教法的講說，把走向解脫輪迴的佛法介紹給更多的眾生，他盡他所能做到的，不斷地把釋迦教法弘揚於世，讓成千上萬的人知道，透過上師的慈悲加持及自身不懈的精進，解脫輪迴絕對完全有可能。法王透過教法及日後自身的示現，讓我們看到聖者是如何將前世今生的幻境，在吐納的瞬間完全地轉化。這是一扇開啟眾生法性光明的大門，法王透過逐步的演繹，讓我們一窺無影門內深深的精彩。

法王噶瑪巴，雖然身體狀況已大不如前，但仍盡其最大的心力，盡可能地在各地舉行黑寶冠法會、灌頂法會、開示教法、接受媒體

---

32. 參見附錄五。

訪問、參加座談會和慈善公益活動，為的就是要讓更多的眾生跟他結下這殊勝的法緣，為他們種下解脫的種子，在談笑風生之中，扭轉一個人業力與命運。這是第十六世大寶法王三轉法輪於世，也是最後的一次的世界弘法之旅。法王步履所及之處都充滿了加持，如同觀音菩薩的楊柳枝，揮灑遍三千，滴滴皆甘露。他把慈悲與愛化作無限的光明，縷縷祥光六時不離的守護著眾生。

> 黑寶冠的持有者 —— 大寶法王噶瑪巴
> 以他的三密加持著你
> 他說，你即是佛，你是聖者成熟的稻穗
> 一彈指頃，你的本然智慧完全圓滿

離開克雷斯通之後，法王帶領弘法團成員，前往創巴仁波切也是位於科羅拉多州的香巴拉中心主持法會，很特別的是法王為一幅新畫好的金剛總持唐卡給予灌頂加持及開光。金剛總持的唐卡背面已經用紅色硃砂寫上嗡、阿、吽三種子字，法王以他的佛手塗上黃金的染料，雙手如蓋印般印在唐卡的背面。這是一場非比尋常的加持儀式，過去祖師大德會在唐卡或卷軸的正面或背面留下腳印或手印，以表上師將他的加持留在上面，見到唐卡上的手印或腳印等同見到上師，同時也得到如親見上師般無二無別的加持，一場永恆的加持。

這幅唐卡在十六世法王噶瑪巴最後一次訪美，以他尊貴的佛手用印開光後，被供養在創巴仁波切位於科羅拉多山谷中的佛堂大殿裡，面向遼闊的山原林野，每日隨風飄散無比的加持於宇宙天地之間，法王的加持日日歲歲恆常存在，從沒有離開過我們。2008 年，

當第十七世大寶法王鄔金欽列多傑首訪美國，於當年的五月來到科羅拉多時，中心的負責人將此唐卡供養給法王。法王又轉世回來了，他要帶領眾弟子，再創當年金剛總持親自教授大手印予他的佛法輝煌年代，將世世承傳從沒間斷的純正教法弘揚於各大洲。在這天災人禍頻繁的年代，將解脫的種子廣大的播在眾生的心續之中。法王正帶著一望無際的弟子，跟隨佛陀意趣的腳步，大力邁向前去。

3. 清淨發心，利益一切眾生

7月27日，法王為紐約上州 KTD 的新大殿舉行破土典禮，一同參與此盛會的有法王子第三世蔣貢康楚仁波切、創古仁波切、本樂仁波切及 KTD 住持堪布卡塔仁波切，和常住及隨行喇嘛。法王並特別舉行兩天的紅觀音法會，會後法王與仁波切、喇嘛及隨行人員，在 KTD 建寺預定地的旅店前合影，這是法王第一次在他的北美主座拍下珍貴的歷史鏡頭，也是最後一次了。

法王特別於 7 月 28 日，在與 KTD 三乘法輪寺的理事會議上，說明了佛法西傳的歷史因素，並且為大眾勾勒出了三乘法輪寺的建寺藍圖與願景。

法王提到創建三乘法輪寺的緣起有三：

一、不管是佛經上佛陀的預示，或蓮花生大士的預言，當今這個時代，噶瑪巴會將藏傳佛教帶進西方世界，並使佛法興盛廣佈。

二、西藏的政治變遷使得以往隱居山林的大成就者移居印度、尼泊爾等地，而使密法開始彰顯於世。

三、西方人絡繹於途的到印度、尼泊爾喜馬拉雅山等地區求法，致使佛法西傳的因緣日趨成熟。

法王特別在理事會議中提到：

我們並不只是要蓋起一棟建築

重要的是我們能否為這個國家的人民帶來和平及和諧

噶瑪噶舉在美國的第一個寺院將會在此處（Woodstock）設立。在經過占卜與對三寶所作的祈請後，所有的跡象都顯示出這是個建立寺院最吉祥、最恰當且最殊勝的地方。不管是占卜所關注的或是我個人所關心的，我們並不只是要蓋起一棟建築，重要的是我們能否為這個國家的人民帶來和平與和諧。目前看起來這是相當肯定的。透過設立寺院用以保存及滋長永恆的傳統智慧這絕對指日可待，這非常的好，我認為這是可行的，這也給了我啟發及勇氣，我們一定要去完成它，而且愈快愈好。我期待著你們的真誠及全心全意的付出，為了建寺計畫，我希望你們之間能合作無間。

這個計畫的目的以及其背後的願景，並不是為了求取任何個人的名聞利養。這個國家的人民絕對是須要有人可以提供給他們大乘的法教。當法教能蓬勃發展了，就會為這個國家帶來和平，最終會讓全部的人民都得到解脫。除此之外別無他路可走。為了讓這個願望能夠實現，這需要一個道場，這個道場本身就是讓大家能夠不停地學

習大乘法教的重要源頭。和平與和諧是這個國家的人民以及世人絕對需要的。在其他人對這些事情能夠了解到它的重要性並負起責任之前，我們這些弘法先鋒必須要設立起這個弘法基地——道場。不管人們要花多久的時間才能把他們跟原來的自己連結在一起，並了解到把佛法應用在他們的生活中的重要性，我們都要維護和保存這個弘法基地——道場。

我們所有的人都必須具備相同的熱誠和態度，
我們的工作是為了要幫助並利益所有的眾生，
我們的心念是為了要改善世上所有的人。
我們的目標是為了帶來和平、和諧與心靈昇華，
尤其是要帶給這個國家的人民內心開悟的經驗。
這是我們的願景也是我們的計畫，
我們希望這個計畫能成功。

一旦我們能如此成功地將解脫的教法貢獻給所有眾生，那麼即使日後我們的色身都離開了這個塵俗世界，數百年後再回過頭來看，那些我們曾經共同努力過、一起付出過的，仍將會活生生地持續利益著一切有情眾生。

另一個重點是，我們不要利用佛法之名以行玩弄權術之實，就佛法的尊嚴及純淨而言，這絕對是可恥的。我唯一關心的是，透過純正的佛法去利益眾生，任何有這種心念的人，我將把我自己完全的奉獻給他們；但是如果有任何的權術介入此地，那麼還有其他地方是我更需要

去的。

藏傳佛教的四大教派分別是：格魯、噶舉、寧瑪及薩迦。四大教派弘揚的都是佛陀的教法，或許為了善巧方便及度脫不同的眾生，方法上或略有出入，但實際上是相同的。這是很重要的，一個人不管是修持任何的教派或任何一個法門，無非是為了讓教法更為興盛，透過修持，使我們的層次更為提昇，並且維護教法，讓它不管是外在與內在都無誤地被保存下來；同時很重要的是我們要擴展我們的眼界、尊重及情誼到所有的教派。就噶舉派而言，目前有三個主要的中心是直屬於噶瑪三乘法輪寺（Karma Triyana Dharmachakra），創巴仁波切及卡盧仁波切是直屬噶瑪巴，他們都是屬於噶舉傳承的一部分。這樣看來所有的中心都是無分別的，或許在教法的陳述方式上略有不同，但是教法的義理上是毫無差異的，我們每個人都要了解到其實它們都是一樣、無分別的；我們並不是為了維持友誼才在口頭上說我們是相同的，而是因為真實的情況就是如此。如果在心裡面想著一套，在外面又表現出另一個態度，這種表裡不一的行事風格絕非佛法，這是戴上面具的佛法。基於此，我們要全心全意且發心清淨的一起共事，我們的目的就是為了利益一切的眾生。

無論你所提供的是金錢，還是勞力，任何您所供養的只要是真誠的、是全心全意的為了佛法，那麼您所付出的

點點滴滴都功不唐捐了。[33]

　　萬事起頭難，當初 KTD 在綠茵山的草創期相當的艱辛，除了沒有資金之外，當地人對藏傳佛教雖不排斥，但能得到的外援也很少。因此當法王此次回來主座主持法會、開示、破土及成立董事會時，除了床及餐具是新買的外，其他所有的物品都是堪布卡塔仁波切從垃圾桶裡撿回來，經過清洗整修之後請法王湊合著使用。在物力維艱的當下，上師的慈悲與弟子的虔誠讓一切都成為可能。

　　會議結束後，在閒談間，卡塔仁波切向法王報告，這幾年經過醫生診治後，他的健康基本上已經完全康復了。大寶法王笑著跟卡塔仁波切說：「如果你還留在隆德寺，你的這一生就已經結束了。」

4. 馬來西亞弘法

　　法王回程受邀前往馬來西亞弘法，10 月 22 至 23 日在位於怡保的光燨岩（Kong CheeName）寺院加持，非常特別的是這個道場位於山洞之中。10 月 24 日則在首都吉隆坡舉行一場殊勝無比的黑寶冠加持儀式。

5. 首次在香港弘法，眾人領受殊勝加持

　　法王接著受香港佛教協會的邀請前往香港。當地的佛教團體，特別開篇對十六世大寶法王的到訪做了專題報導，該會向香港各界

---

33. 摘自法王與噶瑪三乘法輪寺（KTD）的董事會成員的會議（1980 年 7 月 28 日）。

介紹法王的文宣大意如下：

「近期旅美的西藏密宗第十六世大寶法王讓炯日佩多傑，根據記載他是慈悲觀世音菩薩化現在人間，歷代大寶法王皆以宣弘無上妙法，解脫眾生為職志，是國際上備受尊崇的一位佛教領袖。大寶法王剛結束在歐洲佛法講授，及視察美國主座三乘法輪寺之寺務，返回亞州，受邀前往東南亞各國訪問，將於 11 月 20 日上午九時搭乘新加坡航空公司班機抵港，隨行者有密乘喇嘛大德高僧共八位，其中一位為其法子第三世蔣貢康楚仁波切，據悉他是大智慧文殊師利菩薩的化現。

此次大寶法王東來，香港佛教各大道場已準備盛大歡迎，並安排連串之弘法行程，本港佛教密乘弟子將動用人力、物力，侍奉法王在港弘法，大寶法王在港將駐錫約十天，期內將訪問多座寺院道場，並應香港觀宗寺之邀請，參加該寺之開光大典，屆時在該寺將特別舉行一場觀音菩薩灌頂法會。」

法王一行人如期抵達香港，先在貴賓室舉行記者會，隨後在香港佛教協會的演說中強調，現有的各種傳統佛教徒之間互相理解的重要性——佛陀當年講授八萬四千法門，無非是為了調伏不同根器屬性的弟子，表面上我們所學看似不同，但究其精神皆是佛陀的成道心髓，縱使我們彼此法門相異，但皆是佛陀的座下弟子。為了佛法的興盛及法緣的流長，我們應彼此尊重，以慈悲來莊嚴我們共同的佛道。

最後法王結論說：「我們要用全世界佛教徒之物資與精神合作之力量，復興重燃佛法之光輝。」

11 月 23 日，法王特別在黃鳳翎佛教中學舉行長壽佛灌頂，接著在賓立仁波切（Binli Rinpoche）介紹金剛寶冠的歷史來源及其殊勝功德後，在宏亮的噶鈴聲中法王隨即登上法座，為信眾舉行加持典禮，很特別的是，法王三度戴上金剛寶冠，觀世音菩薩如臨現場慈悲盡顯，光照十方法相莊嚴，出席的法友無不驚喜讚嘆。法王在座上開示說：「人身難得，佛法難聞，在坐的各位因為善業成熟，因此能夠有此機會領受黑寶冠的加持，從今以後應當要好好修持，必能得證佛果。」

灌頂後法王贈送參加法會的四眾長壽甘露丸及金剛結，並囑咐大家要將金剛結妥善保存，之後他並為當天皈依的信眾舉行剪髮，並逐一賜予法名及皈依證，整個會場都因為法王的慈悲攝受而佛光普照並且充滿歡欣的氣氛，大家無不法喜充滿。

27 日，由蔣貢仁波切帶領一群香港金剛乘學會的成員，一同布置灌頂的法座，法王將為金剛乘學會的弟子，特別舉辦一場密勒日巴及第二世大寶法王噶瑪巴希的灌頂。下午五點一到，由該會負責人劉上師親迎法王及隨行人員一同蒞臨會場，喇嘛們並吹起長號，歡迎儀式莊嚴肅穆。

法王登座後，舉行灌頂，並開示說他非常高興在香港看到金剛乘會員，除了認真的研究佛法外，並精進實修，基於此善業因緣，特別將噶舉傳承中非常殊勝，但不輕易舉行的噶瑪巴希祖師法要，為金剛乘學會弟子灌頂傳授，並祈願大家在金剛乘學會劉上師的領導下，能不斷精進。法王也會不斷的為大家祈請加持，祝福學會成員能速得成就。現場並將藏文版的儀軌兩份，贈送給劉上師作為弘

法及教學之用。接著由增剛仁波切（Tseng Kang Rinpoche）為大家開示三乘的修學內容及金剛乘的修行次第。法會圓滿，法王向蓮花生大師的塑像獻上哈達，以示敬意。整場法會讓所有人都沉浸在無限的溫暖與加持中。

11月29日，法王在東蓮覺苑舉行黑寶冠加持典禮，讓香港信眾有幸再次領受黑寶冠的殊勝加持，接著舉行藥師佛灌頂，祈願眾生遠離病痛精進修持。慈悲的法王再次的為大眾舉行皈依三寶的儀式，希望大家皈依之後要記得皈依的學處。最後法王祈願世界和平、災難遠離、風調雨順、佛法昌隆、大家道業精進早證佛果。

6. 兩世噶瑪巴的加持

當年參與此次灌頂盛會，法名「噶瑪健康」的法友，若干年後為大家娓娓道來當時她與法王的一段奇遇。當時才16歲的她，由一位阿姨帶她到北角的東蓮覺苑，參加這場黑寶冠加持儀式，當時她根本不知道發生什麼事情，傻呼呼的坐在人群中。法會結束時，法王指著座下的信眾，翻譯從人群中找到她，請示法王是不是這個女孩？法王點頭並請翻譯帶她到台上。一邊走翻譯一邊跟女孩說：「妳的福報好大，很多弟子跪在法王那邊幾小時，法王也沒將法寶送給他們，現在要送給妳了。」妳有帶供養紅包？小女孩說：「沒有耶？」翻譯說我有紅包袋可以給妳用，妳身上有錢嗎？女孩很老實回答：「沒有呢！」翻譯說沒有關係，妳剪三根頭髮給法王吧。上了台，法王送給她三顆舍利子。

女孩憶訴，當下法王一定有說過這是哪位大成就者的舍利子，

但那時她什麼都不懂，也就沒有把這些話放在心上，因此早就忘記了。第二天，女孩記掛著自己欠法王一個紅包，所以帶了兩個紅包去法會現場，一個補昨天，一個作為今天供養之用。法會圓滿後，很多居士留下來請求皈依，然而這個女孩卻要離開，因為她身上已經沒有紅包了。負責人說：「沒有關係，妳就剪三根頭髮吧！」法王給予皈依後，她拿到皈依證，法王給她的法名是「健康」。時年16歲的她，看別人的皈依法名不是吉祥、如意，就是圓滿、善妙，她內心想著自己的身體這麼健康，為什麼還給我「健康」二字呢？

第三天，她想不能欠法王紅包，就帶定五個紅包，一早走去法王下榻的中心，才舉起手來想敲門，門就打開來了，原來法王正要出發前去另個地方主持一場法會。小女生傻了，因為她是九龍人，對香港本島並不熟悉。法王看了她一眼，對翻譯說：「車子上多一個位子，她可以坐我們的車一起去。」當時小女生也沒多想就跟著法王走。要上車了，法王讓她坐前面的副駕駛座，法王跟兩位喇嘛擠在後座。一直要到若干年後，小女生才恍然大悟，當年法王的坐車哪有多一個位子啊！是法王硬擠出來讓她坐的。

當時女孩坐在前座回頭看法王，並對法王一笑，法王也對她回以微笑。他們之間語言完全不通，因此也無法交流。那時女孩心裡想，聽說有一種破瓦法，修完後，可以在頭上插一枝吉祥草，如果法王可以幫我插上那枝草該多好啊！在路上法王說要帶她去參加閉關修法，當時全香港只有六名弟子參加這個閉關，因為整個過程禁語，女孩說到現在那五位法友是誰，她也不知道。

女孩最後一次見到法王是在夢中，夢裡十六世法王走到她的床

前，摸摸她的臉，之後法王就變成一個小孩子了。當時的她根本不知道法王已經圓寂，對藏傳佛教有轉世之說也完全不清楚。

一個這麼有福報的弟子，無憂無慮又生活了 14 年，直到她 30 歲時，吃錯了一種藥，馬上就被送進醫院的加護病房，在醫院裡跟死神搏鬥了幾天。從此以後，她與健康無緣了，全身免疫力下降，長期服用抗生素和類固醇，天天都是姨媽日，長期要穿黑褲子，外出得帶一疊報紙，坐下就得要將報紙墊在椅子上，才不會弄髒別人的座椅。她的血壓高、血糖高，在接受西醫五年治療後，醫師放棄對她的醫治，請她去看中醫；中醫也束手無策，說她是血崩。一直到她認識一位老闆，教她自然療法，要她每天早上空腹吃當季產的水果，調理了九個月後，她的姨媽正常了。這位老闆就是現在健康工房的投資人。

幾年後有一天，那位老闆打電話給這位女孩，說有一個人很厲害，是一位法王，我們要不要一起去見他？就這樣，健康工房的老闆帶她去了印度，跟十七世大寶法王相認了。在法王加持下，她 2013 年健康報告出來全部正常，上師的加持力是如此之大，在她 16 歲時，上師所給的法名「健康」，一定是法王預見她將來的健康會有問題，因此以「健康」兩字給予她橫跨兩世的祝福。健康工房老闆能救她，是巧合？還是上師的加持呢？我想，只要我們對上師有虔信心，上師的加持必定無所不在，生生世世噶瑪巴！

7. 不同的法門，同樣的釋迦世尊的傳承

「香港各界歡迎法王蒞港弘法」的籌備會組織，特別安排法王

一行人在香港停留的空檔，分別前往太平山頂遊覽，並遠眺港九風景，影業巨擘邵逸夫亦恭請法王大駕其影視片場。11月24日，法王並特別前往寶靜安老院加持院中長者，祈願大家健康平安，吉祥如意。

當年觀宗寺的住持覺光長老回憶他與老朋友十六世噶瑪巴那種不可思議的法緣，雖經三十幾年，仍歷歷在目。1980年11月，香港觀宗寺正在籌備開光大典，就在開光大典前一天，十六世噶瑪巴突然到訪香港觀宗寺，隨行的除十六世噶瑪巴的法嗣蔣貢康楚仁波切及一眾喇嘛外，還有黃方慧淨居士。

「噶瑪巴法駕光臨，我們當然要盡情接待，我與十六世噶瑪巴的法緣真的不知怎樣的，當噶瑪巴來到觀宗寺那一刻，我們就如同相識多年的法友般，非常親，噶瑪巴全程緊握著我的手，我倆雖語言不通，要靠翻譯溝通，可是我們好像心靈相通，我知他的心，他知我的心，有說不完的話題，或許這就是我倆多生多世的法緣吧！

由於香港觀宗寺在第二天就舉行開光大典，當噶瑪巴得知觀宗寺要舉行開光大典後，二話不說的透過翻譯跟我講：「我會來開光及舉行觀音菩薩灌頂。」蔣貢康楚仁波切則立即向觀宗寺監院果德法師指示法會所需，當時我們雖然已忙得不可開交，但仍命人通宵趕製高台法座、及法會所需備辦的所有物品，希望成就這次殊勝因緣。

1980年11月30日，香港觀宗寺舉行開光大典，上午由台灣中國佛教會會長白聖長老、香港的洗塵長老、聖一長老主持開光大典，隨後則由噶瑪巴先於大雄寶殿主持開光加持儀式。

噶瑪巴在開光加持儀式後，再到觀宗寺地下玉佛殿舉行觀音菩薩灌頂。灌頂儀式由下午一時開始前行，三時正式為信眾灌頂。

當時通訊雖然沒有現在這般發達，我們也沒有宣傳，但信眾的人龍竟然由觀宗寺一路排至現在對面山頭，灌頂一直至晚上約七、八時才結束，接受灌頂的信眾有三千多人，當時密乘在香港還在起步階段，但這次灌頂仍有三千多人，可見十六世大寶法王的法緣殊勝。

十六世法王噶瑪巴並贈送觀宗寺第一版的密藏大藏經，現安奉於觀音殿內。

覺光長老回憶道：「十六世法王噶瑪巴參觀觀宗寺後，曾對我說：『將來因緣成熟，也要建一所如香港觀宗寺般的道場。』誠如十六世噶瑪巴所言，今日噶舉傳承中心已遍布世界各地，於印度（菩提迦耶）每年的祈願法會更有萬人參加，包括世界各地信眾，大家在佛陀成道處，求的是釋迦世尊的法。 我與十六世噶瑪巴的法緣，法門雖不同，但目標一致，我們都是源自釋迦世尊的傳承，我們都是弘揚世尊的正法，希望令眾生離苦得樂，所以不論各宗派，都要互相尊重，互相支持，所謂若要佛法興，唯有僧贊僧。」[34]

8. 香港第一個噶瑪噶舉佛教中心

就像第一世恰美仁波切所說的，凡人的願望通常很難達成，大

---

34. 參見 覺光長老講述，智禮筆錄，〈聽長老說故事─我與十六世噶瑪巴的因緣〉，《覺光長老開示於香港噶瑪巴九百周年慶祝會 2010》，香港佛教雜誌第 168 期（2010）：39。

抵都只是為了滿足私人欲望；但聖者的願望一般都會實現，因為充滿廣度眾生的慈悲渴望。尤於藏傳佛教在香港廣大弘傳的因緣已成熟，加上十六世法王無上攝受力之感召，住在港島的鍾氏夫婦向法王供養位於東區雲景道 46 號萬德閣之五樓 AB 兩座面積 3,000 呎之處所，做為法王在香港弘揚教法的道場，這完全圓滿了法王慈悲度眾的心願。法王並在離開香港的前一天（11 月 30 日）前往香港噶瑪噶舉中心舉行開光、及加持儀式，這是噶瑪噶舉傳承正式在香港弘揚的首個法座。

法王香港此行，在香港佛教協會作了開示、為觀宗寺開光，也授予大眾四臂觀音之灌頂，並參訪了香港的佛教醫院、養老院並給予病患及孤老們加持，祝福病者早日康復，老者能健康延年。覺光長老回憶說當時法王不管是探視病患，或訪問孤獨的長者，儘管大家語言不通，但法王對他們的慈悲關懷溢於言表，這些點點滴滴，即使是最棒的譯者也無法翻得出來，法王那份對眾生自然流露出來慈悲性情，真的叫人動容啊！事實上法王這段期間，身體已經有不適的症狀顯現，但法王關心的都是他身旁的人，不管認識與否，他都盡其所能的關愛大家，無需言語文字，任何接觸到法王的人，都能被他所打動與感動。

法王於 12 月 1 日早上 9 點 50 分乘機離港前往新加坡等地繼續弘法，再返回錫金隆德寺。

9. 護身符送大司徒仁波切

1981 年 1 月，噶瑪巴入住印度加爾各答的歐貝羅依大飯店，大

司徒仁波切當時在菩提迦耶，忙著為一位噶舉上師在當地的寺院主持殿基儀式。他從迦耶趕去見法王，相聚數日。在分別的前一個晚上，臨睡前，十六世法王將一個包著錦緞的護身符交給他的心子之一的大司徒仁波切，並說：「這是非常重要的護身符。」大司徒仁波切回憶道：「當時法王住在 177 號房，但法王沒有說『在未來打開它』或者『你將需要它』，法王只簡單的加一句『這在將來會對你很有利益』。」

在西藏，這是一個很普遍的做法，上師為弟子祈請加持，把殊勝的經文，或將神聖的曼達拉的圖片，或將畫在紙上的畫像，經過特別的摺疊，放進錦緞做成的大小相同的布中，四面密縫，外面再用細繩綁起來，就是一個護身符。人們相信這個護身符能將厄運的影響包住，讓它無法產生力量，收到的人一般是不會去打開它，因為習慣上並不會這麼做。

日後大司徒仁波切回憶說，當時我內心想著，法王應該是預見我未來可能會遇到障礙關卡，特地給我這個保護的護身符，我就一直把它戴在身上。若干年後，大司徒仁波切才發現，此護身符中有下一世大寶法王噶瑪巴的轉世信函。

在年中，法王身體出現較前更為不適的症狀，但他卻仍擔負寺院及閉關中心的整建工程，並印製流通了大量經典，其中包括五百部德格版（Dege）的甘珠爾（Kanjur）大藏經，贈與全世界五百座寺院，其中的一套贈給了台灣台南的貢噶寺。

10. 聖物裝箱，備小法袍

法王返回隆德寺後，健康狀況並未好轉，法王要求工匠製做一些尺寸合宜的金屬盒子及櫃子，把那些當初從楚布寺帶出來放在木頭櫃子裡、寺院中最為珍貴的寶物，當然包括了那頂聖物中獨一無二的黑寶冠，全部都放到新製的鐵盒裡，他把所有的櫃子及盒子都上了鎖，之後以蠟封口。十六世法王指示：任何人都不可以碰這些東西，只有他的轉世才有資格打開這些鐵盒。

法王開始準備一些新的小法袍。他總是在談話間有意無意地提到無常可能隨時會到來，在不久的將來，他可能就會從一個老人變成一個小孩，到時候他應該會得到很好的照顧吧！法王當時給大家的印象是，他不會久留了。

法王為了展示無常的課程以利益大家，因此他讓自己的身體逐漸衰弱。

法王此時的身體狀況已不比從前了，日益消瘦的法王很清楚日子不遠了。雖然法王想要留在隆德寺，但為因應來自社會各界施主堅持的請求，希望他能前往香港接受治療，為了滿大家的願，他還是啟程了。

錫金政府特別提供一位軍醫，一路陪伴法王前去香港接受治療。9 月 17 日，法王住進香港的瑪麗醫院（Queen Mary Hospital），在幾個星期的治療後病情略有進展。經過美國醫生的評估，認為法王如果到美國就診，或許有康復的機會，在醫生的建議下直飛美國西雅圖，轉機到芝加哥並入住附近錫安（Zion 或稱賽恩）的美國國際

診所（American International Clinic）。

　　法王之所以會在此時來到美國，是為了圓滿他身邊所有人的期盼，當大家知道他生病了，無不希望法王趕快到美國這個醫療技術相對發達的國家，希望藉由進步的醫療設施與治療方法，在法王身上產生醫療上的奇蹟。所有這些跨越時間與空間的診療記錄，均保持在陪伴法王就診多年的印度籍闊瓦醫生（Dr. Kotwal）處。

第九章：最後的一堂課

光明法身示現眾人，輪涅不二手中握

1. 生病這件事，跟其他事情並沒有什麼不同

　　根據當時負責照顧他的年輕醫生，他是重症專家，也是佛教徒，是創巴仁波切的學生米切爾萊維（Mitchell Levy）[35] 回憶說，他第一次見到十六世大寶法王是在 1980 年的 5 月，那是法王的第三次世界弘法之旅……

　　「我們當時嘗試檢查他的身體。當我再次見到大寶法王的時候已經是一年半之後了，也就是 1981 年的 10 月在香港。當我見到法王時，他已經比我上次見到他時消瘦、虛弱許多。現在他除了糖尿

---

35. 有關法王最後醫療的參考資料包括 Dr. Levy's Account(1988) 網址 http://www.khandro.net/16Karmapa_80.htm；以及 Mick Brown 著，"The Dance of 17 lives: The incredible True Story of Tibets 17th Karmapa"（中譯本《大寶法王／千年一願》）；另有 Dr. Levy 的專訪〈第十六世噶瑪巴記錄片：獅子吼 HH 16th Karmapa The Lion's Roar〉（1985 年發行），Youtube 網址 https://youtu.be/WXqtFvN-fmU。

病之外又有了癌症，事實上糖尿病已經是他生活的一部分了。這次，我是他的主治醫師。

當他抵達醫院後我們為他做了全面的檢查，有些部分並沒有大礙，但有些部分有可能會危及生命。然而，有些事當時一直盤據在我的心頭。首先，思線從這裡開始，一直貫穿到我成為他的主治醫師的所有細節。從法王的角度來看，他生病這件事，跟他在做其他的事並沒有什麼不同，這只是個經驗。對一個醫生而言，這個經驗是要去找出這個癌症對法王是否會致命；但，對法王而言，致命與否並無不同，在他看來，這就像我們在談一個再平常不過的話題。

從這一刻起到他圓寂，所發生的一切的一切，基本上是匪夷所思，且鋪天蓋地的存在這條思線之外，透過他自身內心所展現出來的溫暖與清明的諸種經驗歷歷在目。這很簡單，我會說：『您這兒痛嗎？或是那裡痛嗎？』我們想從簡單的問題中得到複雜的答案。幾乎無可避免地，我們的連串問題引來他更多的微笑及回答。『沒事！沒事！」然後我們會說：『現在覺得如何？』他回說：『沒事！』『那有什麼不舒服嗎？…。』他會說：『沒有！』

我們就在他那浩瀚不可測的心念狀態中進行治療。他不在意自己，他不希望大家聚焦在他身上。面對法王的諸種反應，就像你對自己的禪修經驗有所質疑，但你就帶著這個停不了的輪子繼續前進。同樣的事情總是這樣發生，當你問他會痛嗎？在飯後你覺得不舒服嗎？然後他就是微笑的看著你。我們就這樣陷入廣闊無邊的虛空。

對一個照顧他的醫生而言，這是一個非比尋常的教育情境。對所有的人，不管是佛教徒或非佛教徒來說，法王是如此的深邃沒有

盡頭，不管是在醫藥上或是身體上——那不像是我找到一個特定的部位，然後用力的去碰觸他或捏他，從他的反應或表情，我知道那就是痛點。反而是：他的痛在哪裡呢？我們從沒找到過。這讓我們覺得既沮喪又敬畏。他把自己的死亡當成另一個工具去跟大家工作在一起，並試著去幫助大家。對我們這些照顧他的人而言這是個共同的經驗：不管什麼事情發生在他身上，他讓我們驚奇而且搞不清楚，為什麼他總是不按照我們所想的去做。我們也訝異於他對人的溫暖及周到，這個過程一直到他圓寂前都是如此。

他進到醫院的第一天，我們做了所有的評估，之後進到法王的房間並和他開會。我開始問他相同的問題，他保持著微笑並肯定的回說：『是』或『不是』。

最後，事情終究有最後。他對我說：『有一件事對你非常重要，你一定要了解。如果我須要在此地教導眾生，如果此地還有我須要去做的事，那麼就沒有任何疾病可以戰勝我。如果我不再真正須要去教導眾生，那麼就是你把我綁住了，我也不會在這塊土地上多做停留。』這真是個介紹病人的有趣方式。」

2. 為什麼法王正在面對死亡？

萊維醫生第二次見到法王是在幾個月後的香港—— 1981 的 10 月份。讓他印象最深刻的是因為病情加重，法王消瘦許多而且相當的虛弱，同時，在同一時間，法王的存在與溫暖一點也沒有改變——還是那個躺在床上，有很大可能會圓寂於癌症的病人，看起來好像才剛切除了扁桃腺。

「每次我走進房間，他總是對我露出燦爛的微笑，我的腦袋卻在他的笑容中一片空白。我會這樣想，等一下，到底是誰在照顧誰啊！被認為是病人的是他，不是我啊！正當我想要離開時『嗯，我昨天的情況如何呢？』因此，取而代之的是我看著他，然後說道：『你今天覺得怎樣呢？』他就會笑著說：『我很好。』我會接著說：『那你有感到任何疼痛嗎？』之後他就會笑著說：『沒有，今天沒有。』

這變成了一個持續的笑話『你就把我當成是真的生病了，因此請做你該做的事』。你知道，我們兩個人就假裝這一切好像真的發生了一樣。

這種情況也開始影響著護理工作人員，因為你已經對既定的病情有一個固定的診治方式，一個垂死的病人應該有什麼樣的情況出現，但他從來就不是這樣。他總是躺在那兒，人們對無法幫助這個可憐的病人感到徹底的不自在。就是這樣的模式一遍又一遍地發生，他就在那裡，為每個人做著應該在他們身上應該被完成的事情。

就我在香港的經驗來說，法王的每個心念都是無可改變的，他持續地幫助著所有在他身邊的人。特別是從童年就跟著他的四位法王子（當時他們皆 20 歲出頭），他們整個年少都在錫金隆德寺接受他的教導，法王幫助他們接受正在發生的一切。

一抵達香港，我就問我自己『為什麼法王正在面對死亡？』我開始看著他與這些祖古們處理著身邊的事情。他親手帶大噶舉的四位主要祖古，出於某種原因，他們年齡相當，也都準備好了要到世界各地去弘揚佛法。法王就像他們的父親一樣，從正面的意義上來看，法王把他們帶到關鍵的時刻點上，現在對他們而言，面對大寶

法王的離去，是邁向教育的另一個進階。

　　有些事在我的看法是法王做得對極了。對我而言，從許多角度看法王，他已經圓滿了他身為噶瑪巴的任務了；不過這可能只是我自己內心單純的看法。

　　那些年輕的祖古會跟我說：『啊！他還有這麼多的事要做，有這些、還有那些。』然而我想即使是他再多活 15 年，他一定會開始更多的計劃，然後在 15 年之後，這些祖古還是會說：『啊！他怎麼能死呢？』你無法想像法王要離開我們了！所以我覺得整個事情的思維是：他已經把這些祖古或者說是噶舉上師們到世界各地去弘法的路打開了，也把祖古們帶到了他們已經有能力，自己到世界各地去轉動法輪的生命點了，現在最後一件他所要做的，正是為他們揭露死亡這一課的時候了。生、老、病的人生歷程，他們看得太多了，但真正有意義的死亡過程，他們恐怕也只是耳聞尚未親見。

　　之後，當這些祖古們面臨艱難時刻的時候，創巴仁波切對我說了一段很有道理的話：『好吧！如果我們生活在西藏，即使是在非常年幼的時候，我們隨時都可以看到死亡，一個真正屍陀林的品質。換句話說，在法王隆德寺成長的這些祖古們，日後很有可能將在西方為他們的弟子揭露死亡，但他們對死亡這件事是陌生的。』

　　現在，就由大寶法王親身為傳承的祖古們示現死亡，最初大家都無法了解法王是為了給大家上這活生生的一課。從許多方面來看，法王是在教大家死亡這件事。我忍不住覺得是法王自己讓他的死亡拖延，讓他們能慢慢的掌握住它，去觀察整個過程並去探索，之後消化它，並且讓這一課真正的進到他們的生命中。」

　　跟法王在伊利諾州的錫安時的經驗也讓萊維醫生印象非常的深刻——他看到法王所做的，也了解到他如何地照顧著這些祖古。他們年輕，他們或許有許多不同層次的了悟，然而，他們仍有情緒及各自的生命歷程，他們活在這個世界上，他們的路還很長，但法王終究無法一路陪伴他們。所以，這也是他們成長過程的一部分。

3.他的一切無不震撼冷靜的醫護人員

　　「我第三次見到法王是在伊利諾州芝加哥附近的錫安癌症醫院，這次是最後一次了。不管是醫院的工作人員或是來探望他的人，完全被他所折服。我們必須理解，在加護病房工作的人，他們有相當冷靜的人格特質，他們經常目睹死亡，這是他們的工作。他們的長處是他們不太會被影響，他們能掌控所有的情況，目睹死亡是他們工作的一部分，他們的經驗與專業，讓他們不受外界的干擾，以利他們照顧其他病人的工作能繼續進行。他們並非冷血，他們必須冷靜去處理所有的事情，一旦陷入情緒，那麼他們可能會在工作中出錯，因此冷靜與理性是他們必備的工作條件。

　　當你看到像這樣的工作人員完全被大寶法王的溫暖所攝受，這非常令人震撼。而且大部分的他們都是基督徒，他們從不知道任何有關佛教的事，但他們從沒有猶豫過叫他「法王」。他們從不曾對他直呼『噶瑪巴』，他們總是叫他『法王』。」

　　讓醫護人員不能了解的是，為何法王沒有任何的疼痛？或是為什麼他沒有一般人在他的情況下，對痛楚應有的反應。於是，醫護人員開始覺得他們應該更小心的照顧他。

「就像你所知道的，每一世的噶瑪巴應該都會在圓寂前寫下一封信，預示他下個轉世的情況。醫護人員也表達了他們對這封信的關心。這讓我們很驚訝地看到，所有人的關心都從我們將要如何照顧這個病人？及你們為他洗澡了嗎？到他寫這封信了嗎？這個傳承是否繼續？有一天，一個在加護病房的護士來看我，眼裡充滿了淚水說道：『我真的很擔心，這個傳承就將結束在這個醫院。』我的意思是，你要知道我們是在伊利諾的錫安，這是個無趣的小鎮，是個非常傳統的基督教城市。因此當我看到他們是如此地愛戴法王，這真的令我非常地感動。當然，我必須指出，他們對這古老的傳承所自有的一套運作模式，毫無所知。

　　這位工作人員無法停止談到有關法王是如何地慈悲及仁慈。在四、五天之後，一位外科醫生，他是一位菲律賓的基督教徒來到我這兒並跟我說：『每當我進去看法王，當他看著我時，我覺得自己在他面前是完全地赤裸，我真想找塊布把自己蓋起來。』

　　他繼續對我說：『你知道，法王真不是一般人，他看起來真的不像一般人。』在法王離去之前，每個人都有這種體驗。他只是專注在他的意志力，然而，他的存在具有這麼龐大的力量，他們打從心底深處完全的愛戴著他。以上你所聽到的這些話語，從專業上來說，這絕非加護病房的醫護人應該出現的反應。

　　這接續了我在紐約的經驗，法王只是持續地做他想要做的事，不管他是在震驚中或是在吃葡萄，他那完全無法被改變的意念能力一直照耀著每個人，沒有人有能力去度量它的深度。

　　法王似乎真的改變了許多醫生及護士和工作人員。過去我也曾

留一些佛法的書給他們，通常他們會告訴我說：『你知道我是基督
徒，我是不相信佛法的。』之後有關佛法的書就不了了之。但法王
住進來之後，他們會這樣告訴我：『你知道我是基督徒，我是不相
信佛法的。但我必須說法王絕非凡夫。』他們幾乎是帶著歉意說這
話，他們實在不知道要如何把這兩個信仰結合在一起。但他們是如
此明顯地、深深地被法王感動著。」

　　隨著日子的流逝，法王的健康似乎惡化了。但法王住進來好像
是要讓所有的人開心。所有人看不到像在他在這種病情的層次下，
通常應該要有的沮喪、衰弱、毫無生氣或痛苦萬分的情況。相反的，
在經典上讀到的有關成就者的描述如開放的、無限的、熱情的、睿
智的、自在的、如是的…等等高貴典雅的氣質，都在法王噶瑪巴的
身上展露無遺。

　　法王正以實際的現身說法，為世人上了一堂有關死亡的藝術，
這絕對是堂意義非凡的課程。當西方的唯物碰上東方的精神，兩者
交織出讓人深省的火花，人類最殊勝的寶藏在就在我們自己的身上，
絕非世人盡其一生汲汲營營所追求的種種外在色相。內在無法被遮
住的自性光明，就是把全世界的珍寶加起來的光芒，在它的面前都
只能用「黯然失色」來形容。

　　「慢慢的，我們發現法王的健康正在衰退中，不過法王用著他
自己的方法調整著身體。有位仁波切告訴我，在法王的生命中曾經
有這樣的先例，大約在他 13 歲左右，他病得非常的重，有位醫生來
為法王診治，並說他的病況已經非常、非常嚴重了，就剩下幾個小
時可以活命頂多就是一天了。我們必須了解，依據藏醫的傳統只要

病情還有一絲的希望，他們絕不會說出這種負面的話，除非他們完全確定死亡的到來已是無可避免。然而法王根本就不理會醫生所說的，他很快就從重病中復原了。那位醫生完全無法了解這是如何發生的。但那是在西藏，或許比較容易被接受，畢竟生病的不是一般人，他是法王啊！」

4. 現在你可以看到什麼是真正的可能

然而，一樣的情況在錫恩醫院也發生了。有一天萊維醫生在幫法王做完檢查之後，發現法王的身體狀況正在極速惡化中。他走出病房並說道：「法王就剩兩小時可活了，或許三小時。」在這種情況下，他已經看到非常明顯的瀕死症狀出現了，法王的身體正快速的在走下坡，每個系統都失去功能他呼吸困難、吐血並且咳血，他的血壓一路下探，甚至沒有血壓可以支撐治療。

「當你診治過很多重症的病人，就在他即將告別人世時，你會有很確定的感覺，因為你會看到在這種情況下身體所受到的壓力，你會知道他們已經無法承受太長的時間了，你知道他們的五大 [36] 即將分離，也因此你可以感受得到。

我說：『如果你們認為那封信很重要，我們有一些反轉昏沉欲睡的藥物，可以讓法王清醒過來。』祖古們說：『很抱歉，我們現在必須私下跟法王會談一下。』」

---

36. 五大：地水火風空，指組成色身的五大種元素。

　　大約 45 分鐘之後，祖古們出來並說道：「好吧！法王說他現在還不想死，他嘲笑我們！他嘲笑我們！」他們重複了幾次這句話：「法王只是嘲笑我們，並說不要給我紙張，我沒有要寫任何的信。」

　　萊維醫生聽了之後走進法王的房間，他坐在床上，大眼圓睜，他的意志力非常堅強。他轉向萊維醫生用英文說：「哈囉，你好嗎？」

　　「30 分鐘後，他的身體完全回復到正常的狀況，出血也止住了。照顧這麼長久的重症病人，護理人員一生中從未見過這種情形，法王的意志力是如此的強大，他還沒有要離開。我完全相信法王用他的意志力讓自己回復到完全穩定的狀態。

　　那群年輕祖古們對這個狀況的反應很有趣，他們告訴我法王是被我的恐慌嚇死的，或許這有一部分是他們不希望看到法王離他們而去。但事實上我已經看夠多了，我只是把情況告訴他們，我清楚的知道他已瀕臨死亡，每個工作人員都知道，然而，他醒了過來並坐起來，他硬是睜開眼睛並讓身體恢復到穩定的狀態。他全身充滿意志力，我幾乎可以看到他的意志從身體裡面走了出來。我從不曾經驗過這樣的事情，後來創巴仁波切告訴我：『現在你可以看到什麼是真正的可能。』」

　　這就像有人把銀幕顯示器拔掉並動了手腳，然後再把它們接回去，讓一切看起來都毫無異樣，他的血壓正常不再出血，但所有的這一切都不是來自醫護人員，是法王逆轉了整個程序。經過這次之後，接下來的九到十天法王很健康，他的情況完全穩住了。

5. 今天法王想要完成什麼呢？

「在這之後，這變成一個在醫院流傳的笑話，我們應該讓法王寫下他的指令。在每天一開始的時候，我們帶著指令簿來到法王面前並請示說：『請問您今天想做些什麼呢？』整個重症監護室的工作人員會說：『嗯，今天法王想要完成什麼呢？』」

無論法王有甚麼樣的理由，從文化的相對角度來看整個事情都是超乎想像，且令人屏息。在一個充滿著最先進的科學醫療器材的現代化西方醫院中，法王的法座、壇城的供杯、三法衣及僧袍，以不同的方式雍容華貴的存在著。對一個成就者而言，這些改變只不過是無形能量的轉換罷了。法王以一貫容光煥發的微笑，去面對著他瞭若指掌的每一扇轉化之門。

法王在這段與病痛共存的最後時光，仍然處理著整個噶舉傳承的事務。他對所有進進出出的仁波切及喇嘛們指揮若定，就像他就平常坐在法座上一樣。他的病房也成了噶舉的臨時辦公室，不斷有喇嘛、仁波切來請示法王日後的弘法事業，及聽取法王的建議。法王也召集了一些弟子到他的跟前，交代了些法王對他們的期許，不只是弘法利生方面，還有他對僧團和合的期待，希望不管過去大家因為業力的牽引，對彼此的誤解有多深，都希望大家能夠一笑抿恩仇。

創巴仁波切與阿貢仁波切，是同時被法王正式派駐桑耶林的開山祖師，一開始剛到異鄉同甘共苦的草創寺院，雖然彼此個性南轅北轍，但為了寺院的發展，倒也還能相安無事。日後寺院逐漸步上

軌道，學生愈來愈多，彼此也開始對管理寺院及傳授教法的方式產生歧見，進而形同陌路，即使後來創巴仁波切來到美國創立中心，但，二人之間的心結也沒有因為距離迢迢而化解。然而，為了報恩重如山的上師諸恩德，他們也都前來錫安醫院陪伴法王，共同出席法王給予少數福德因緣具足的弟子，此世最珍貴、最殊勝、獨一無二再也不能複製的最後一堂課。

有一天，法王把他們倆喚到病床前，拉起兩人的手，緩緩的說道：「你們兩個都是我的孩子，我為你們傳授教法，看著你們學習，看著你們長大，不管過去彼此為什麼事不愉快，讓所有的事情都到此為止，出了這個房門之後，讓所有的事情都留在這個房間，所有過去的事都讓它消散如煙，你們要像以前在印度的難民營時一樣，如手足般的相處在一起。這是我此世對你們唯一、也是最後一次的要求。」跪在法王座下的兩位仁波切，因為法王的這一席話，執起彼此的手，涕泗縱橫。

當時正值草創期的 KTD 住持堪布仁波切也放下手邊所有的工作，從紐約飛到芝加哥探視法王。仁波切當時一看到法王，便忍不住傷心掉淚，法王跟他說你不要哭：

我這五蘊之身將留在美國，我的意識將到西藏。
現在，我能夠非常清楚地看到我來世的父母親。
尤其，我清楚的見到輪迴和涅槃的一切，
彷彿它們就在我的手掌中。

尊貴的法王同時也交代堪布卡塔仁波切兩件事：第一，他要堪

布卡塔仁波切留在 KTD，那兒都不要去，因為許多法王的弟子會因為他的圓寂而悲傷不已，法王希望仁波切要好好的安慰他們，照顧他們，要這些弟子不要因為他一時的離去而傷心難過。

另外，法王當時因為檢查需要抽了血，他把從身上抽出的血保留了四瓶，放在信封袋中蓋上封印用哈達包好，交給卡塔仁波切並說：「阿嘎嘛（Agama），[37] 好好保管它們。[38]」

10 月 28 日，法王開始陷入昏迷的狀態下，臨床醫生把法王的隨員們喚到床前。這位醫生後來這樣回憶著當時的情況：「當時法王所有的生命跡象都非常微弱。我給他打了一針……好讓他能在最後的幾分鐘裡囑咐隨員們，相信他一定有些事情要交代。我在他們交談時暫時走出了病房。」但稍後，他告訴那些進去探望他的僧人，他當天還不想走。

「五分鐘後我回到病房裡，他當時已直坐在床上，張大了雙眼，清晰地招呼我：『嗨，你怎麼樣啊？』他所有的生命跡象由微弱轉旺，約莫 25 分鐘左右竟已能正常的說笑，這在醫學上除了發生在法王身上，絕對前所未見，目睹眼前的這一切，我們都只能張嘴以對，這如何可能呢？」

6. 這絕對不可能，但它發生了

萊維醫生回溯那一天：「再過幾天的早上法王走了，因為我們

---

37. 編譯注：阿嘎嘛是東藏的用語，通常用在家庭成員或知心朋友之間的稱呼。

38. 參見附錄六。

從顯示器中看到變化了。連結到心臟的電脈衝已經發出警訊，表示出電流開始出現失效，我們了解這種情況，外科醫生也知道，這事已經迫在眉稍了。

之後法王的心臟停了約 10 秒鐘，我們把他救了起來，但他的血壓有點小麻煩，不過我們也想辦法讓它恢復正常，法王的狀況穩定了約 25 或 30 分鐘，但看起來似乎有點心臟病發作，之後他的血壓直線下降，我們已經無法透過藥物讓它恢復正常。我們持續的急救，試著給予他藥物，然而，他的心臟再度停止。

接著我們必須給予他胸部按摩，就在這個點上，我知道時候到了，因為從螢幕監視器上可以看到他的心臟已經停止跳動。但我覺得我們必須證明我們已經全力以赴了，好安撫仁波切及祖古們的情緒。我們持續為法王進行復甦術長達 45 分鐘，這遠遠超過我們平常所做的。

我為他打了 2 安培的心內腎上腺素及腎上腺素，但都沒有反應，注射鈣，也沒反應。所以我們被迫停止，也就是在這個時間點上我們放棄了。我走到室外打電話給創巴仁波切，告訴他大寶法王圓寂了。

之後我回到病房，人們開始離開。當時法王已經躺平了 15 分鐘，我們開始幫他取下鼻胃管，同時有人去把套在鼻子上的管子拆下來，突然之間我看到他的血壓顯示是 140（高血壓）/ 80（低血壓），基於直覺反應我大叫了起來，是誰把血壓監視器給弄斜了？我的意思是，我幾乎陷入恐慌的狀態中。『到底是誰把血壓監視器弄斜了？』我對我自己說：『喔！又來了。』因為我知道要讓血壓

直升到這樣的數字，非得要有人直接把機器打斜不可，但，這是不可能的。

接著有個護士幾乎是尖叫的喊著：『他的脈搏跳得非常好！他的脈搏跳得非常好！』

有位稍長的仁波切輕拍我的背，好像在說：『這絕對不可能，但它發生了。』法王的心跳恢復到 80，他的血壓是 140 ／ 80，在那個當下、在那個病房裡，面對所發生的一切，我想我要昏倒了。我只好再度走出門外打電話給創巴仁波切，告訴他：『法王又活過來了！』

現場鴉雀無聲，在這絕對不可能的當下，絕對不可能的事卻一再發生在法王的身上，顯而易見，這是我此生所目睹過最不可思議的事了。這絕對是非比尋常的事件。一個小時之後，法王的心臟再度停止跳動，經過 15 分鐘後我們停止所有的工作。

就我而言，在那個房裡，我有一種感覺，法王一再的回來檢查。難道是他的身體在支撐著他的意識嗎？但當時他被打了安定劑及嗎啡，這會讓他的身體與意識失去連結。我的感覺是：法王突然意識到他的身體已經停止運作了，因此他回來看看讓身體恢復運作的可能性。法王迫使他的意識回到身體，再次開始運作所有的事情，然而，這些只是我內心單純的想法；不過，這也是我當時在那個房裡的感覺。

再次地，法王的心跳與血壓突然出現，維持了約五分鐘，之後慢慢的消失。這次，法王似乎並不想再用意識去控制身體，他選擇

要離開了。這整個法王控制自己的意識，好讓它在自己身體進進出出的過程，絕對是值得記上一筆的了不起成就。」

法王以他超乎凡人的意志力控制著他的病痛，通常已經需要借助外在的嗎啡才能稍微止住的痛苦，法王以他內在的心念控制著自己的身體。醫學的所有理論在此完全失去立足點，死亡的幻化大網，法王如倒轉乾坤一般玩弄於指掌間。對聖者而言並沒有死亡這件事，有的只是生命的再次轉化，而且完全在自己的掌控中，法王為中外弟子打開這扇透視生命轉化的大門，讓我們一窺其中的奧妙與精髓。

「過去十五世的大寶法王們都是圓寂在屬於他自己的古老寺院之中。隨員中有人說，法王選擇以癌症（他們把癌症稱為「時代的恐怖」）死在西方最現代化的醫院中不是偶然的。法王有意要在『超級幻化』的西方功利世界的中心離世」，[39] 是為世人展現我們本來存在於內心的無比力量，即使再文明先進的醫療設備及精心研發的藥物都不能與之相比擬。

然而，現在面對死亡的不是一個普通的修行人，大寶法王是接受了藏傳佛教最高傳承的大修行者，沒有任何一項密法是對他保留不授的。這將是有史以來第一個在如此現代化環境中圓寂的傳奇性大師。

---

39. 參見 Mick Brown 著，" The Dance of 17 lives: The incredible True Story of Tibets 17th Karmapa"（中譯本《大寶法王／千年一願》）

7. 化身暫別，後會有期

11月5日夜裡，第十六世大寶法王噶瑪巴在美國芝加哥圓寂了。天地為之黯淡，噶舉弟子也進入失怙的悲痛，有人說如果連噶瑪巴這麼慈悲的人都會離我們而去，這世界還有什麼希望？聖者的駐世對人類的心靈就是個深深的慰藉，不用日日相見，只要知道他和我們同飲人世間大海的一瓢水，我們只要知道他在這個世上的某個角落，每個呼吸的出入，都讓我們對未知的下一刻保有一絲的期待。上師在，就是弟子的希望。

其實，法王此行在香港時，就告訴前來看他的秘書長當確雍度說：「這次我去美國，就不會再活著回來了。」雍度哭著求法王不能死。法王告訴他不要擔心，他一定會再回來，而且會展現得比這一世更有力量、更博學且更偉大。時代在改變，第十六世法王噶瑪巴將轉換成一個更年輕、更精力充沛、更有世界觀的噶瑪巴的身體，回到引領期盼他的弟子的身邊，用他獨具的智慧，展開他劃時代的佛法弘傳事業。佛法的涼蔭將因第十七世的轉世，而得以宣揚的更深、更遠且更強壯，這習習涼風將吹拂更多在三界火宅中受苦的輪迴眾生。

生活在人間淨土的藏人因其殊勝的教法傳承，他們擁有一個獨特的面對死亡的藝術。他們相信在「心」與肉體分離前的那一刻，心的本性將會完全地展露，最原始的本質將赤裸裸的顯現，這就是所謂的「光明」。普通人連「光明乍現」的那一剎那都未必能察覺到，一個大修行人卻能在光中安住數小時，從而得到解脫。如果一個大修行人能辨識這個境界並在「光明」中駐留，他的色身會在這時衍

生出一些可由外界測知的跡象，其中一個較特殊的是心臟周圍會散發出熱能，這被認為是心還沒有離開色身的表現。

法王外在的氣息看似完全的停止了，但醫療過程中令人驚訝的事卻還在繼續發生著。法王的皮膚一如生前的紅潤光澤，心臟周圍散發的熱能持續了三天三夜之久，藏人對這個現象的解釋是十六世大寶法王，西藏的瑜伽上師之王，正在光明中入定。可是對西方醫學而言，法王在這三天裡所顯現的一切，足以推翻近百年來建構在醫學上的一切理論。一向以科學縝密自豪的西方醫學，在他面前完全失去分析及統計的能力。釋迦教法共與不共的精髓，皆因法王這三天心臟的暖度，在北美洲燃起每個眾生都有能力脫離輪迴的希望。我們絕對可以運用本具的能力去掌控身體去留的時間，這是第十六世大寶法王留給這個世界最精華至尊的榜樣。大寶法王在這整個過程示現了菩薩完美的典範，給後人留下無法抹滅的震撼及懷念。

美國國際診所為了這位不凡的病人，打破了依利諾州的法律規定，不但沒有依據州法馬上移動法王的身體以清空病房，反而完全根據當時在法王身旁喇嘛們的指示，讓法王的身體可以一直停放在床上，院方完全尊重藏傳佛教的傳統，讓法子及喇嘛依據他們所想要的方式去完成後續所有的步驟。這在一個事事依照法律及科學應證的西方國家而言，如果不是有特殊的加持，一般即使是達官貴人也無法被如此的尊重。

法王的主治醫生（萊維醫生）回憶起那不可思議的最後三天，他說當時蔣貢仁波切與大司徒仁波切會帶著他來到法王的床邊，拉著他的手去碰觸法王心臟附近的溫度，24 小之後仍是溫暖的，48 小

時之後還是溫暖的，72 小時之後...他完全被手中的溫度所震撼。這完全不是書本理論與他行醫多年的經驗所能解釋的，他只能用「驚訝」兩個字形容他從法王身上所經歷到的一切，太不尋常了。

他見證了一場讓他自己對生命完全改觀......從東方跨越到西方，屬於人類、甚至是宗教的歷史大事——心性的能力可以讓一切都成為可能，無限的可能。這以前是書本上的資料，上師口中的教言，如今它活生生的在眼前上演。

一開始，法王圓寂後 72 小時的心臟周圍仍溫熱，震撼了相關的醫護人員，要相信這個事實並非那麼容易，因為這與過去所學跟行醫多年的豐富經驗相背離，完全不符合科學的理論根據，但慢慢的整個醫院的人也能接受所發生的一切。不管是什麼宗教信仰的醫護人員，完全接受他們所見到、所經驗到的一切，不管他們知道與否，這對大家往後的生命絕對是一場加持。

8. 法王的法身光明照耀著弟子的慧命

「十六世法王噶瑪巴在美國的故事接近尾聲了，但另外還有一件事我想提一下，法王圓寂後一直躺在原來的房間，祖古、仁波切們告訴我法王正處在三摩地之中，安住在法身的無限光明裡。人們在這個房間裡所體驗到的覺受取決於個人不同的感知層次。

我請示了創巴仁波切這件事，他告訴我當他走進法王的房間，有一股難以言說的真空吸力，似乎把所有心智上的障礙都吸光了。你的心智不再喋喋不休，在那個片刻它紋風不動，眼前的一切都赤裸裸的單純而直接。在法王的房間裡，沒有任何一點讓障礙存在的

餘地。那個房間裡絕對氣壯山河。

　　但我自身的經驗並非如此，我覺得房裡的空氣稀薄，安靜到讓人覺得有一絲的不安。一切都不是我熟悉的，安靜到針掉地板都有聲，彷彿進到另一個時空，絕對地安靜而遼闊。法王的身體躺在房間的中央，法袍就披在上面，我會覺得如果可以，此時最好不要呼吸，似乎不管我做什麼都會打擾到這份寧靜，只要我有個小動作就會發出巨響，任何我的起心動念在此刻都是這麼的唐突粗暴。

　　我在面對法王法體的當下，感覺某種東西對我直撲而來，某種沉重的感覺被貫通了。當下不管我做什麼都顯得如此的笨拙，但從正常的角度來看絕非如此。我當時只是輕輕的走著，不過當時整個房間的氣氛是如此的寧靜，在那個房裡充滿了壓倒性的覺知。我了解創巴仁波切說的真空的意思，就是那樣的感覺。

　　三天之後法王的甚深禪定結束了，除了他的法體不再暖熱之外，你可以感覺到整個房間的氣氛改變了，比較接近正常了。

　　從法王入住以來，所有這些經驗非常明顯的影響參與此事的每個人——尤其是絕大多數非佛教徒的當地人。有一個行政助理，她的工作讓她對整件事情多少有些了解，有一個晚上她讀了旁人借她的一本佛教的書，隔天清晨她來找我，說她很喜歡書裡讀到的內容，書中的一些結論跟她自己的想法非常一致，書裡的內容真的很有道理。我想這些人已經跟法王和佛法作了非常強大的連結。即使法王要暫時化空而去，仍然在引領人們走進他們真正的內在。」[40]

---

40. 參見 Dr. Levy's Account(1988) 網址 http://www.khandro.net/16Karmapa_80.htm

9. 色身離去，語與意伴世人

11月9日，由沈家楨居士所包下的飛機，把尊貴的十六世法王噶瑪巴的遺體，運回錫金深山裡的隆德寺。寺院已經燃起三千盞光明的油燈，四十九天的法會也已在進行中，但法王噶瑪巴生死大戲的這一幕，從西方的伊利諾到東方的隆德寺，橫跨時間與空間持續的上演著。

12月20日，在印度錫金隆德寺的頂樓，十六世大寶法王噶瑪巴的荼毘大典將在近午舉行，噶舉的仁波切、印度政要、不丹公主及皇室成員和來自世界各地的弟子上萬人參加，他們前來向十六世法王致意，並與他作最後的道別。太陽升到正中間時，晴空萬里的光線中，可以看到如細粉般的雨絲緩緩飄下約五秒鐘。正午時分，小號手吹起了送葬的樂聲，一組士兵鳴起21響的槍聲致上敬意。當火葬的材堆，由一位剛從西藏抵達錫金，與法王素昧平生的藏人點燃時，熊熊烈火竄升到20呎高，某種特別屬於成就者的光明似乎也離開了這個世界，原本無雲的晴空恰巧在此時出現了一道彩虹，一圈光暈圍繞著太陽，有三隻大鳥凌空飛翔，順時針繞行隆德寺三匝，對成就者表示最深的敬意。

從小受教於法王，被法王無微不至的照顧過的四大法子身著禮服，頭戴五佛禮冠，立在四個主要的方位，在佛塔的出入口修法。當時大司徒仁波切立在西門的位置，負責修持金剛瑜伽母並供養糌粑粉、水、油及酥油和柴火，當他趨向前去獻供的時候，有個東西突然從烈燄熊熊、正燃燒著的佛塔跳了出來。大司徒仁波切小心翼翼地用供盤將它托起，放回他前方的小供桌上，並請旁邊的喇嘛前

去請示經驗豐富的卡盧仁波切。

喇嘛穿過擁擠的人群回來告訴大司徒仁波切，這必是殊勝之物，應妥善安放。之後由眾祖古們宣布那從火燄中跳出來的是噶瑪巴的舌頭和心臟，象徵著他的語和意，它們在高溫中已融合在一起。後來堪布卡塔仁波切開示道：「法王留下他的心臟和舌頭給世人是非常殊勝與吉祥，表示他的色身雖然離我們而去，但他把他的語與意留給我們。另外，在荼毘的過程中法王的心臟與舌頭合一地跳到司徒仁波切的面前，這表示在未來尋找下一世法王的轉世時，司徒仁波切將肩負重任，對於司徒仁波切所作的認證，我們不須有任何的懷疑。」

在過去所有的修行者中，只有岡波巴大師及第二世法王噶瑪巴曾經留下相同的聖物，給後世弟子做為永恆的加持信物。十六世法王的教法將生生世世的滋養我們，他的心永永遠遠的跟我們在一起，陪伴我們走過輪迴中的每個腳步。

12 月 21 日，第十六世大寶法王噶瑪巴的秘書長當卻雍度在隆德寺召集一個噶瑪噶舉傳承會議，會議中決議由法王的四大法子大司徒仁波切、夏瑪仁波切、蔣貢康楚仁波切和國師嘉察仁波切共同主持傳承事宜，完成法王廣宣教法於四方的心願，並決定找尋噶瑪巴的預言信函，四位法子承諾並接下此重大任務。

八天後，還冒著煙的火化塔被打開以搜尋舍利，許許多多珍貴的殊勝物品在骨灰中顯現。這些舍利子色彩繽紛，其中有一個色如乳白玉石般的腿骨舍利，在荼毘大典結束後，基於珠本仁波切的虔誠心，由他供養第十六世噶瑪巴的腿骨舍利。幾年後，上面逐漸浮

出一尊佛像，大約高有四分之一公分左右，這殊勝猶如象牙雕刻的釋迦牟尼佛佛像，其右手持觸地印，左手持定印，這是第十六世大寶法王慈心悲智的吉祥顯現。第十六世大寶法王並留下各種舍利子，依法王生前之交代，將其中的一半送給沈家楨居士珍藏。

最不可思議的是安置法王色身的坐墊，整個坐墊共有七層，最上面的那層雖然已幾乎化成灰，但色彩依舊鮮麗的如原樣的顯現在灰燼上，坐墊的正中，清晰可見一雙赤裸裸的腳印，一個小孩的腳印。

這雙腳朝向北方指向西藏，這是法王為廣大無依眾生一再轉世的承諾，也讓因為他的離去而悲傷不已的弟子，對不可知的未來存著一絲等待上師轉世的希望，失去上師的黑暗很快就會撥雲見日。這一切的示現，完全吻合法王曾經告訴過堪布卡塔仁波切的「我這五蘊之身將留在美國，我的意識將到西藏。現在，我能夠非常清楚地看到我來世的父母親。尤其，我清楚地見到輪迴和涅槃的一切，彷彿它們就在我的手掌中。」

堪布卡塔仁波切也開示說法王之所以會轉世回西藏，除了應驗他在 21 歲時的詩作中的自我預言外，也是無限慈悲心的化現，因為廣大的藏族同胞，正經歷著外人所無法想像的痛苦，法王以無限的菩提悲心，希望回到故土陪伴他們，喚醒他們血液深處屬於法教的溫暖與光明，為他們開啟生命的另一扇門。

屬於第十六世大寶法王的精彩布幕已落下，對於這位把整個藏傳佛教完整無誤的保存，並發揚光大於世界各地的大成就者，每思及他的行誼，總令我們低迴再三。尤有甚者，晚年他更是帶著病體

四處弘法，所到之處總是以滿臉的笑意回應大家對他的關切，讓所有跟他相處在一起人都沐浴在他給大家的溫暖與法喜中；然而，他身上的病痛完全由他個人承受。他所帶給大家無限的莊嚴與加持絕對是文字所無法形容的，他對世人的無限的慈悲與關懷，才剛要用另外一個生命的形式開始，那就是──

　　現今的第十七世大寶法王噶瑪巴鄔金欽列多傑。

第二部，教言篇

自性之清淨，實修之至要

落實教法的修持

第十六世大寶噶瑪巴 1980 年開示於美國

這是十六世法王最後一次的世界弘法之旅，在美國時，法王分別就教法、修持及生活上所給予不同團體的開示與建議。我們以小段加抬頭的方式為大家呈現。

閉關

三年三月的閉關傳統，一直是噶瑪噶舉教法的一部分，基本上寺院的設施也會提供這樣的功能。寺院的目的在能夠幫助創造合適的環境，建立一個穩固且健全的實修場合。當然，這絕對包括建立起傳統的三年三月的閉關中心，這並非只是考慮把外在的設施蓋起來，還包括提供基本的需求。我的內心對這件事一直盤算著要如何去落實。

在我離開美國之前，這是我的計劃也是我的願景，我想去跟更多的功德主談論此事，希望能喚起他們的興趣，並能關注到「閉關」

這件事。如果他們能發心護持三年三月的閉關，即使他們將來並不可能自己去閉關，還是會利益到他們；事實上，他們所累積的功德跟親自去閉三年三個月的關是一樣的。至於那些能夠進行閉關的人，他們將透過實修獲得不可思議的法益。如果人們能因為我們所提供的設施，更進一步的逐漸在日常生活上花更多時間閉關，這絕對是我所樂見的。今非昔比，我們看到愈來愈多的人試著花更多時間在實修上，有很多人則看到這個可能性，有這樣發心的人會愈來愈多。

我看見未來會有許多人進行這類的實修，他們也被賦予機會去這麼做；對於那些無法進行閉關的人，也有可能可以達到相同的體驗。一位行者在三年三月的閉關中，將會大量的進行禪修，這包括依於理論的練習及實際的體驗這兩個階段的實修，當然還有法本、咒語的念誦等等修持。不管行者有多無明，保證在這三年中，教法一定會為他的心念注入相應的經驗。閉關的修學當中包含了初步及主要的實修，當一個人能掌握住這兩者的修持，那麼保證會有特定的經驗產生。如果一位行者具有較高的智慧，並且對佛法的修持具有了悟的能力，那麼即使沒有進行三年的閉關，他也有可能會經歷一些具體的了解與體悟。

對教法的信心

即使人們深陷在輪迴的業風裡，只要能持續在教法中實修，有朝一日我們也能安住在大手印之中，能否達到完全取決於我們對法的信心。如果對法有信心，那麼了悟的成就並不只是來自修持的形式；如果對法有百分之百的奉獻及信心，那麼生活的每個當下都是

修持的一部分——生活即是修持，而非特意去做它；如果對佛法愈沒有信心，那麼就會離法愈遠。

在中陰得到了悟的可能

我們已經深陷輪迴無數世了，因此對自己的習性根深柢固，並且執迷不悟，這迫使我們墮入輪迴之中一世又一世。此生此時，由於往昔生中善業現前，我們因此能接觸到正法，內在的某種覺醒正在升起。這種從我們的意識中所產生的珍貴的覺醒狀態，就是我們跟佛法的連結。

一旦我們以這樣方式跟佛法連結上了，那麼對於以後我們所要走的道路跟方向多少都有些了解。這就像你想要去加州，你知道有幾班特定的火車能把你載到加州——你會有這樣的認識。接著，就是個人對去加州這件事需要的認知了，或許你是急著要去加州，當然就是盡快上火車。通常的情況下，我們需要對這些事情做出決定——就是這班車了，坐上它向加州出發。

一旦你上了火車，就有很大的可能可以抵達加州，但也有很大的可能你到不了，因為路上出了些狀況；即使路上出了狀況，比如車禍或臨時發生什麼事了，但你知道抵達加州的可能性還是存在的。雖然你尚未抵達，但你知道你的方向是正確的，就某種意義上來說，你還是有可能會到達。

這就是所謂的佛法的加持，即使一個人無法在此生成就佛果，但修持及佛法的加持會繼續存在著；即使還沒到加州，但我們對到達加州的可能性會抱持著樂觀的態度。同樣的情況也適用在你的法

身慧命中，即使此生你無法達到成佛，但成佛的加持仍然存在著。

　　如果你在進入中陰時有正確的方向，這就會像是母子相會一般，依靠自己的能力去了解，並且在中陰時善用佛法的加持，可以說在中陰時一定可以認出自心本性——你會經驗到光明，這種了悟有可能，這是佛陀教法可以被見證及保證的，人們能親歷這樣的經驗絕對可能。

菩薩道的修持方式

　　一個上師的責任就是持常的為大家做開示，不管能夠給予的時間是長、是短，重點是不間斷的給予教授指導。我們可能會覺得，人們在閒暇時有較充裕的時間，那真是給予教法最好的機會；但如果大家都沒空或對教法並不感興趣，那就不要講說教法。事實上，重點是我們不應以時間或地點來區分是否要授課，應該是讓教授能經常的持續下去；即使在場只有一個學生，也應該給予教授指導，如果有成百上千，甚至萬人至百萬人對教法有興趣，一位上師都不應有滿足或沮喪而中斷教法的傳授。佛法教授一定要持續不斷的延續下去，它超越了時間的表相。

　　另外還有一種情況會出現，可能我們已經修學一段時間了，或完成了一個教法的修持，因此覺得應該停止修持或不再聽聞教法，這並非學法之道。行者應該持續下去，這是菩薩道的修持方式；即使是只能利益你自己一個人，都得繼續修持下去，不能沮喪，要勇往直前。

如果你能百分之百的把生命奉獻給佛法，那麼生活中的每個片刻都是修持，你可以把修持當成生活而不只是去造作。關於如何見到佛法，這個結果建立於個別發心的基礎上，每位行者都有責任——我們應該正確的了解佛法，我們對業力要敬畏，因果真實不虛。另外我們要尊重勝義的佛法，並了解這就是我們要弘揚和保存的。萬一，人們不尊重勝義的教法，或不信因果的真實性——事實上深信因果也算是勝義的教法，那就無法更進一步的見到佛法的殊勝與究竟。

何謂上師

在此我要先告訴大家，什麼樣的人不能稱之為上師。如果他對名聲很有興趣，教學是為了貪圖利養、求取財富，一個在群眾面前，表現出具有許多良善的品質，看起來像是可以當老師的人，可以這麼說，這是戴著佛法的面具，他隨時會盡可能的表現自己，事實上他裡外不一致，實際情況跟眼前所見完全不同。私底下，他所求的跟一般人一模一樣，別人所擁有的他也全部都想要——他對眾生有分別心，想的都是自己，所有這些負面的狀況他完全具足，完全沒有改變。

非常不幸地，這樣的情況在現今這個世界時常發生，他們把這些負面的影響帶到一般的心靈法道上及心靈修持的朋友間，這促使那些無法分辨誰是上師的人，產生了負面的看法——或許有一天他們遇到了真正的上師，但依於之前不好的親身經歷，而失去與他連結的機會。事實上，現在要能遇到真正的上師並不容易。

因此，如果你遇到了一位朋友，他也是位精神上師，去看看當他有能力的時候，在幫助他自己的同時，是否也願意幫助你，他應該願意幫助你就像幫助他自己一樣。在這樣的時代、這樣的人，就可以被稱之為精神朋友。一位上師應該具備有意願去幫助眾生的品質，同時具有去幫助眾生的能力。上師也有不同的層次，他們以各自不同的能力程度去利益眾生，用不同層次的智慧及強度去嘉惠眾生。事實上，要細述上師應該具備哪些品質是很困難的。但我們可以總結的說，如果一個上師在某些地方能無私的去利益眾生，這樣的人就值得被認為是精神朋友也就是上師。

我的建議

1. 佛法難得，如是實修

如果有什麼是我要建議美國法友的，那就是大家一定要了解，發心認真的修持佛法真的非常重要。這個殊勝的機會之前從沒在美國發生過，但現在它降臨了。佛陀的教法是如此的稀有，因此珍貴無比。我們能有這樣的機會是很難得的，這更彰顯其寶貴。

我要重申，學習佛陀教法的機會真的是"稀有"而彌足"珍貴"。當你發現佛法出現在你的生命中，這是以前從不曾有過的機會，這是歷史性的一刻，值得記上一筆的里程碑。但一定要善用這個機會，因為它非常的有限，我們一定要認識到這是極具價值的機會。因此，掌握住這個機會最好的方式，就是盡最大的努力真誠精進投入教法的實修中。否則，機會就如天邊的雲朵一樣轉眼消散成煙。人們會失去這個機會的危機是肯定的，這樣就會離佛法愈來愈遠，這將是

非常不幸的情況。

這就像把鑽石跟一堆水晶放在同一個器皿之中，人們會忽略那顆鑽石，因為器皿裡的東西看起來完全一樣，慢慢的，當灰塵蓋住，人們就再也分不出它們了。但如果是另一個情況，當鑽石被洗乾淨放到金台上，並以閃亮的燈光照耀著它，那麼它當然一定會被看到。你會很清楚的分辨出它就是顆鑽石，絕非一顆普通的水晶。這種層次的了解及認知是很重要的。

2. 尊重他者，盡最大能力修持

現在，認真的去修法及研讀法教，不管我們研讀的什麼經典，做的是何種實修，非常重要的是，我們要對其他的教派及不同的宗教信仰保持尊重。我們可以從佛教自身看到最好的例子，當人們試著要在小乘與大乘之間作出區別，這不但是個錯誤的想法，也是與佛陀的教義相違背。我們必須平等的對待小乘就跟對待大乘一樣。

我們必須尊重既有的宗教，一個已經在這個國家流傳了幾百年的宗教。這些宗教已經在許多人的生命中扮演了舉足輕重的角色。一個人可以選擇投入自己喜歡的宗教，可是絕不能去否定現有的任何宗教。人有宗教信仰的自由，有實修的自由，因此任何人都能選擇忠誠於一個特定的宗教信仰，但是這個選擇不包括拒絕、否認或不尊重其他的宗教及教派，這不符合佛教的做法。

既然我們都有選擇宗教的自由，很重要的是，我們對實修與上師要持守承諾，我們對進一步獲得的教法和指導，要透過不斷的實修讓自己成為一個具器的弟子。有些學生的理解甚至會勝過老師，

這種青出於藍的情況是有可能的。我們要看到這個可能性，並善用它，我們真的有能力去確實掌握這些教法。

我們與老師和教法之間有明確的關聯，如果我們想要在修學上有所成就，那麼精進投入修持是必不可少的。我們不能只是做表面功夫或當個宗派主義者，如果我們跟著一位老師學了點法教做了點實修，就轉到另一個宗派做一樣的事，這樣的人絕無法進步也不可能成功。從這個角度來看，專注在一個教派上精進修持一個法，這是至為重要的。

只要我們能遵循傳統的教義，不管是在宗教上或精神層面上，實修都能獲得一般的利益。用一些方式也能獲得不同的成果，但那是不同的道路。

我要再重申一次，無論是否為佛教徒，尊重不同宗派的法教很重要，同時，你有選擇的自由。選擇一條讓內心充滿意義的道路。舉例而言，聽說某樣東西是酸的，你會想要嘗看看它的酸味，或是甜的、苦的，你都會希望能試試看。不管做什麼修持，抓住重點去經歷它的精髓。經驗非常重要，你們有能力去擴展親身經歷，建立起與特定教法及修持的關係是必要的。

3. 因為勝義，需要時間證明

來自人們對法教批判的另個原因是他們如此的急躁、困惑，因此來來去去，他們試著要與法教搭上線，他們迷戀法教，想要快速得到的一些東西，然而他們對所學都沒有合理的了解，也沒有達到任何的體驗。這如何可能？他們怎麼可能去經歷任何的過程？因此

他們就離開這裡到那邊去，花一點時間，只花一點點的時間，就期待某些事馬上發生。如果這是條正確的道路、是勝義的教法，它們不會這樣就有結果。絕對需要時間。

事實上，大乘的教法非常的殊勝，你需要盡最大的虔誠、承諾及真正認真的修持。修持的成果不會在彈指間就發生，教法的修持是一步一腳印，絕對不可能一蹴可即，也無法便宜行事，因此接下來的事情就是，當你們開始批評這個教派的這樣、那樣，這個教派不值得信賴，他們的修持不夠好，或是教法沒有用等等。你並沒有任何的立足點可以這樣批評，有這種不健康的心態一點都不好。這種無的放矢的不健康心態，不但會給自己也會為他人種下巨大傷害的因。你障礙那些在法道上正試著把自己跟較高法教連結上的人，因為你肆意的批評而造成了他們的問題。

你們應該以虔誠心去研讀及實修，以真誠開放的心去對待他人，以直心及毫無算計的態度來維護我們的發心；也就是說我們對待朋友應該裡外一致，而不是表裡不一。你們可以透過外在及內在展現我們的友誼，並盡你們的能力幫助朋友，這同時也是修行；尊重屬於你自己的人生，並如理如法的作實修。你應該對教法有信心並相信所學的教法，以教法來降伏自己。這些絕對是修持的重點，但要做到並不容易。

我想要傳達的是，人們想進入大乘，但對教法沒有信心也不尊重，對所學的教授沒有任何真實的承諾，在這種情況下想要馬上見到法的力量，這絕對是錯誤的做法。如果你對教法有虔誠的承諾，對教法有真正的信心及確信，那麼一些真正的體驗會發生——透過

對教法不間斷正確真實的修持，它的成效百千年來已經被見證。

4. 對教法有信心，對修持有耐心

如果你不相信教法，對法也沒有信心，那麼恕我直言，你正在欺騙你自己。你必須對法有一定程度的耐心及信心，當你對法愈有信心及信任，你對法就能夠有愈快的了悟，那麼在你的一生中，你會有顯著的成果及滿意的體驗。這些過程都是你能感覺到的，絕對值得你花所有的時間及精力去實修。如果你對法有全然的信任及信心，你完全的投入，在你的這一生當中，你一定會有一個非常具有意義的成就。如果你對法雖然不是全信，但還是有一點信心，也稍做實修，即使如此，你還是能看到一些成果。

你可能也聽聞某位師父是個修行人，但在日常生活中，你並不覺得他的修持有什麼特別，直到在他死後你看到他可以禪坐三天不倒，如果一個人不是在生時成就，那麼在進入中陰時，絕對是淨化的最佳時刻。在這個全然清明的當下，光明的片刻會生起，你所發展出來的能力，可能為心性的更高境界帶來了悟。

5. 以你的行誼，建立起教法的價值

第三件我要說的是，人們須要工作以養活自己。當你有要達到「成就」的想法時，你對周遭的人乃至你的國家就有責任。你必須關心他們，你要無時不刻的安住在教法的修持中，抓住任何的機會去利益他們，盡你的所能以各種方式去利益旁人。你出生在這個國家、居住在這個國家，在此地居住數個世代的家庭成員都可能會讀到這篇文章。這個國家對你而言是個重要的地方。你應該尊重你的

祖父母，過合乎規範的生活，並且尊重祖先的傳統有尊嚴的過活，以符合你的父母、社會和你自己所認同的價值。

你應該為後代子孫建立一個體面而有尊嚴的模範，如果你真的想服務你的國家，並幫助其他的人，這是個合宜的方式，這絕對好過只是去參加某個團體，進而為了這個團體捲入各種競爭，以及不必要的意識形態。身為一個教法的實修者，我們不否認也不排斥任何的意識形態，但我們也沒有必要去玩這些遊戲。這完全不需要，這不重要、也不必要。

或許你是在醫院做事，你應該可以看到自己有機會也有責任去幫助人們。一樣的，不管你是從事什麼行業，絕對有你可以為旁人服務的事。你應該為國家、為人民服務，而不是期望國家來服務你，這是我們修持的一部分。你不這麼做，就表示你不負責任。如果你是大乘佛教的實修者，這意味著這件事值得你自豪，對你具有價值，也值得你慶幸。

但有些人就是喜歡到處遊走，把自己當成教法的流浪漢，這有違教義，他們衣衫襤褸留著長髮，不沐浴也不盥洗，就好像是使用毒品那一類的人，這絕非表現自我的方式，如果你不尊重自己就是不尊重你所修持的教法，這樣你就沒有為殊勝的教法建立起有價值的前景。

6. 透過外在表現內在的修持

這個訊息是要給所有教法的實修者：我們內在與外在的行誼必須一樣的端莊。我們不吸毒，穿著合宜，成為一個體面的人。效忠

你們的國家、服務社會、貢獻給佛法以及自己，作個自尊自重的人，這才是法道。如果你看起來像是個完全被社會所拋棄的人，那如何能利益旁人呢？你所呈現出來的這些儀表，並無法彰顯你內在的修為。

如果你們正在法道上修持，應該很自然的就能吸引那些跟你們擦身而過的人。他們會想這些人絕對是高尚的人，我應該去認識他們，並從他們那裡得到些有用的訊息。他們或許能協助我。你們的外表要讓人家看起來就是有能力可以給予幫助的樣子，至少可以直接給予一些方向性的協助。我們應該要以這樣做為教法榜樣為榮。如果你只是整日遊蕩衣衫不整，也不照顧好自己的身體，好像在這個世界擺錯位置的人，這會讓人對你的國家、對你所進出的道場、以及你自己本身的印象都不好。這意味著你給這個國家及它的人民帶給別人沒有尊嚴及不佳的印象。

這些觀點都是我在離開美國之前要特別供養給大家，希望大家能受用。無論是誰聽聞這些話語，不管你是否為教法的修持者，不論你是否身為佛教徒，希望這些話能給你一些概念，它們來自誠懇與真實，這些話不是一種形式、虛偽或外交辭令，而是直接了當，清楚明白。憑藉著這些正直與真誠，你可以為人們服務，如果你依佛法而服務可以造福很多人，這就是大乘教法及實修的偉大。你不用為了學佛退出社區、社會或家庭。你不須要。你有自己的尊嚴。

慈悲事業的展現方式

第十六世大寶法王 1980 年開示於美國科羅拉多大學

藏傳佛教是立基於大乘佛法,以及西藏特殊的大乘教法傳統之上。數個世紀之前,印度的大成就者將佛陀教法的精華全部集攝在一起,將這些精髓帶進西藏,直到今日,我們仍然可以在佛學院學習到相同的內容。另外,你可以經驗到你所學的成果,享受你的修持成就。我有信心大家都有能力可以體驗到成佛的果實。

　　大乘教法的重點是去修持菩提心,菩提心或者說是開悟的心。我們可以從兩方面來看菩提心,一個是自利,另一個是利他。一旦進入真正的菩提心修持時,自然的會生起自利及利他兩種菩提心。我們在滾滾紅塵中工作,總是必須去完成一些任務,如果我們的發心是在了解因果的情況下去利益他人,那麼你一定會對他人產生信任,他人對你所做的事也會具備完全的信心。

善用菩提心，以利四事業

菩提心的善巧方便運用，讓你更能有效的去幫助他人。菩薩的佛行事業可以分成四種：布施、愛語、利行及同事。菩薩在修持布施時，一見到可憐的人，當下自然的就會給予食物、衣服或任何他們需要的物品。菩薩也知道一般人無法聽進去憤怒不悅的言語，他們深刻的了解每個人的處境，他們不說刺耳的話，取而代之的是話語和緩平靜，讓聽聞者都倍感舒服。菩薩行誼中允許菩薩隨緣觀機去做佛行事業。如果我們去觀察東、西方的宗教，即使教義上有所不同，但一樣的都強調虔誠。如果要考慮思維模式的差異，那麼你就會看到東、西方的不同。因此在西方國家，上師必需以西方人的理念方式去講話，那麼佛法的種子才能完整的進到西方人士的生活中。這就是上師說話的方式。

我們活在一個幸運的時代，不管是美國、加拿大或歐洲，整個世界都接收到佛陀慈悲的光芒。此刻，人們會想要作實修，修持帶給他們更多的法喜。然而，為了要實修，你必須在一個正確的情境中，這個環境本身將帶給你佛法非凡的加持。一旦獲得這麼美好的加持，把教法傳授給那些準備好要作實修的人，這就是行者的責任了。

就像我在演說的開頭所提及的，教法的根是珍貴的菩提心。菩提心即是對他人有慈悲心，這就是我今天演說的精華所在。有人認為這種法教很難領受。此外，他們相信即使他們認為自己已經領受到這個法教了，這對他們還是非常困難，而且要比一般人花更多時間才能真正的了解其中的道理。或許這是真的，我們可能會有這種

想法，比如在現實的世界裡我們很難得到自己想要的，所以要能成就大乘教法的博大精深與奧妙的境界，也就沒那麼簡單了。透過大乘的實修，並不容易達到喜樂成就的狀態。然而，這一切的一切都取決於你自己的心念。事實上你應該依循教法並且實修，把因果的觀念牢記在心。如果你堅定不移並且充滿自信的做到這一點，或許了悟的時間會縮短，也不再那麼困難。大乘密法中有如下的開示：

> 當下，有些東西不一樣了。
>
> 在那個片刻，開悟現前了。

利他，修持的核心

然而，不管是否要當個教法的行者，這是個繁忙的年代，充滿各種讓人眼花撩亂的休閒活動。在這樣的時代，有哪些修持是我們必須要作的呢？比如，我們可以從自身的需求情況來看，他人所需要的跟我們並沒有不同，在這種了解下，我們應不斷地思維要如何去利益他人，這是教法修持的核心。我們隨時把自己放在「利益眾生」的思維之中，如果我們對因果的運作有信心，那麼不管我們做什麼都會有很好的結果。

再舉另一個例子，在這個世界上我們會說：「這是我的父母、這是我的國家、這是我的財產等等。」但從法緣的角度看，我們應該要看到所有的眾生、並且真切的希望他們從痛苦之中解脫，達到究竟的佛果。我們以這種方式培養菩提心，我們練習利益他人。這個思維方式絕對是精華，不只是可以用在佛行事業上，也可以運用在我們日常的任何活動中。如果我們能無時不刻都處在堅定的利他

思想上，在此種情境中哪怕你只是念一句「嗡瑪尼貝美吽」，我們都可以幫助眾生從痛苦中解脫，也會幫助他們提升到佛的果位。

今天有許多人聚集在這個演說會場，一切都進行的很順利。你們扮演學生的角色，我作為一個老師，對於佛法給予一個簡要的解說。我衷心的把我的關懷及祝福，加持給你們和你們所從事的活動上，並祝福大家健康長壽。[41]

---

41. 編譯注：多年前承蒙舊金山張師兄等法友提供法王開示英文稿，當時影印自網路，多年後再尋網址，已不可得；此外，第二部教言均為本書作者所譯。

精神修持的開示

第十六世大寶法王 1980 開示於美國 KTD

教法的修持包括了一定的可能性。一個行者如何將這種潛在的可能轉化成事實呢？這個可能性有多大？取決於個別行者的根器，且依行者與教法連結的程度來決定，例如行者修持的是小乘還是大乘。我們處於一個獨特的時代，使得修持大乘是可能的。這絕對是寶貴殊勝也絕對是稀有難得，我們關注教法的發展及我們對自身的責任感，這兩點已經把我們放在一個位置上去整合殊勝且稀有的大乘教法，進入我們的生活中。透過大乘實修，我們有可能經驗到不再回到娑婆世界，並體驗到極樂的感覺，這種體驗是自明的了知且毫無疑惑。

我們內心有時會在是否要修持佛法之中搖擺不定，認為佛法總在那裡唾手可得。如果你有這種想法，這是非常嚴重的錯誤。任何一個短暫的片刻，任何時候有修持教法的機會，我們都該善用，如果我們對教法沒有負起責任，對大乘及金剛乘也沒有認真的尊重，

這絕對有可能傷害到自己，也會傷害到跟上師連結的人。如果我們對大乘法道的責任很少付出關注，這會造成三昧耶戒的破損。因此，有任何能夠修持教法的機會，我們都應該把握住機會並認真的實修。

　　如果你認為教法微不足道，是可以忽視的，由於你這樣的態度，這個現象就真的會顯現，這將是你重大的損失。事實上教法深藏不露浩瀚如海，絕非你所能測度。換句話說，教法的力量從佛陀時代到現在，已被永恆的有效性所見證。面對教法你可能有些掙扎，你必須真誠的了解到教法的神聖性，並進而了解到不管此世或是來生，事實上已經沒有任何事情比持修教法更重要的了。就舉一般簡單平凡的生活中商場的情況，我們知道一個生意人，會為即將進行的個案設計出一套計畫，他知道此個案要花掉他多少成本，或許一百萬美金，這個計畫的每個細節都花掉他浩大的心力。在生意的世界裡，對個案這麼的重視絕對必要，付出這麼大的精神力量就是為了獲得圓滿成功。這裡的重點是，一個人付出這麼多的努力、金錢，就只是為了一個短暫的成果，那麼為什麼不盡可能的投入精力於可以獲得對一時與永恆皆有利的事呢？無論你是接受了灌頂或教法解說，如果你能夠感受到教法的重要性，那麼你與大乘教法之間，別具意義，而且將會被圓滿達成。如果對教法有真實的承諾，你將能夠展開直接且具義的虔誠，對教法有信心，並且對眾生具有真誠的慈悲心，你對業力整體性的運作將有真實的了解，對因果關係的本質也會清楚明白。

菩薩的願心與精髓

　　菩薩的願望與行動都具足力量，因為從一開始踏上菩提道，菩薩就抱著非常大的志向，以堅決明確及強大的願心，去做能嘉惠並且解脫眾生的事。由於大願中真誠的決心，任何能夠利益眾生、解脫眾生的事情他都會努力不懈的去做，永不疲厭。憑藉著幫助眾生的願望，菩薩會經歷各種不同的階段，展開一段深刻的旅程，並會發現自己愈來愈有能力去利益無數的眾生——菩薩最初就是這樣踏上菩薩道的。

　　當菩薩們以熱誠的願望與行誼去利益了一切眾生，這就是圓滿成就。能夠圓滿利益一切眾生，其精髓就在利眾的當下是無私的、沒有期待、懷疑、希冀、執著、厭惡，對每件事物都沒有任何的得失心在當中。菩薩的行誼完全純淨無瑕，菩薩全心全意毫無間斷的為了利益眾生而全力付出——任何時刻都沒有絲毫的猶豫與懷疑，因為所有的障礙都被超越了。

　　菩薩的利生事業是溫和的，因為所有的傷害及放肆的行為方式都被捨棄了。不只所有傷害的行為在菩薩的生活中已完全滅除，即使在未來會造成傷害的因也都不存在了。菩薩所做的事不只是利益所有眼前的眾生，也奠定了利益未來一切眾生的基礎。當菩薩開始他們的佛行事業時，給予眾生無法度量的利益，他們無畏的布施，在這種廣大的布施之中沒有任何的懷疑或期望，他們就像是充滿無限慈悲的觀世音菩薩，或是大力威猛的金剛手菩薩等等。

　　如果一般人能效法眾菩薩的發心，將會有一樣的能力嘉惠無數

的眾生，所有的事物似乎都會聽命於他們的指揮，有時美麗的蓮花及花叢，會因為他們而在大海中綻放，他們的一滴淚水可以化成一片汪洋；所有自然界的一切都在菩薩的召喚中，火可以成為水，水能轉變成火，這都緣於菩薩強大的願力及行持所化現。對我們而言，慈悲心的修持必須充分被體認，它應該時時在我們的心續之中而且付諸行動。

如果有人試著要作禪修，例如修持空性或止，一方面我們對皈依的對象不可一時或忘，另方面自始至終我們都要對所有眾生生起真正的慈悲心。空性的真正本質就是慈悲。如果沒有經驗過慈悲的浩瀚，即使有人聲稱他已經了悟空性了，這又有什麼意義呢？

透過修持踏上金剛乘的道路

在這個特殊的時間點你有機會接受到法教，這裡（KTD）有不同的上師、有各式各樣的設施，你已經領受了很多層面的教導，很重要的是你不要漏掉一個重點，將上師所教導的內容付諸實修，這絕對必要。我今天所要強調的很多內容，你一定已聽過許多遍了，但是為了讓你更專注及尊重，你對所接收到的，也了解它的珍貴性的內容做完全的整合。我們需要將教法徹底的付諸修持，並完整的了解其中真正的意義。為了實現這個目標的最重要因素是什麼呢？再說一次，就是修持菩提心、安住在自性光明中，透過這些修持，慢慢地你就能踏上金剛乘的道路。

菩提心是一切成就的基礎

總而言之，菩提心必不可少。除非有菩提心支撐著金剛乘的深厚修持技巧，否則行者不一定能夠對教義有深刻的了悟。因此，看來所有的成就都根植於菩提心的修持，並以虔敬心來提昇支撐，菩提心的修持將創造出有利其發展的環境。

發展菩提心的一個典範就是菩薩戒。在菩薩戒的傳統中有七眾或說七種級別的菩薩戒，也有稱這是自持戒，這些傳授的內容都被稱為「戒律」或「誓言」。其中，皈依戒被視為進入持守戒律最重要的先決條件。在取得皈依戒之後，你可以領受任何你想要受的戒律，讓它們強化你菩提心的修持，使你能夠更簡單、更真誠、更健全的踏上佛道。自持戒的運用中，最重要的是千萬不要忽視戒律。三毒強烈侵襲我們的模式是：貪戀、瞋恚及愚癡。一個人如果想要根除三毒的模式，就要使用適當的解藥去對治，那麼修持菩薩戒就是個必要的工具。

我們有修持大乘的原則。我們要在生活中修持所談論到的大乘教法：開展對自心本性的了知，關懷並利益及解脫所有的眾生。從所有物質層面來看，美國絕對是個富裕的國家，這代表什麼呢？這個國家的人民比世界任何國家的人都要忙碌，人們被各種世俗的欲求所占據。由於被鋪天蓋地的物質需求所圍繞，因此加速了生活的步調。一個繁忙的情況引領著下一個緊湊的行程，就這樣馬不停蹄的循環忙碌下去──人們就這樣忙碌著。而這種團團轉的生存方式就真實的呈現在人們的生活中。為了要緩和現實的這種情況，首先要平靜自己的內心，不要完全被周遭事物的漩渦捲進去，為自己創

造某種程度的寧靜，培養簡單控制我們的心使其平靜——至少在我們的內心保有一方開闊的空間。不管你是誰，首先每天都要花些時間做基本的禪修練習。禪修是特別為了帶領那些不斷被忙碌所占據的人，去平靜他們的內心所設計的，這是佛法修持的第一步。佛法對自他都是如此的重要啊！

在感激中修持佛法

如果你了解到也體會到佛法的真實義，請在自身體驗的感激中繼續佛法的修持，無庸置疑，你將利益到所有你遇到的人，特別是對你的國家；毫無疑問的你絕對有能力把人們從無盡的困難及衝突中拯救出來。因此我們面對佛法的修持時，絕對要嚴肅以對，並以非常恭敬虔誠的態度去修持教法。佛法在塑造一個人的生命扮演著關鍵的角色，這並非僅及於此生，還有未來的生生世世。如果一個人想要擁有一時及究竟的幸福安樂，毫無疑問，佛陀教法的修持是唯一可靠的連結。認為有感受與感受者從無始以來就存在了，這也是執著模式的一部分——從無始以來我們的習氣讓我們不斷地墮入輪迴之中。不管是過去、現在還是未來，我們的心念已經很會耍弄這些戲論。但就心真正的本質而言，它無色、無相也無形，它既不在大腦也不在意識裡，它無法被定位。

心性本身超越所有的實質性，既然如此，在禪修時非常重要的是：我們既不回憶過去也不邀請未來，就只是安住在當下的心性中。在自心本性的當下修持，就是你們大家要去開發的了。

〈附錄一〉

噶舉教法的來源

噶瑪巴特有的「自我認證」轉世智慧：

在我們探討噶舉教法的傳承之前，序幕從佛陀教法的來源說起：

一、釋尊成道及三轉法輪

2,500 多年前，在印度的釋迦族王子悉達多捨棄容華富貴，離開金碧輝煌的皇宮，修持苦行六年，之後發現苦並非成就之路，棄而禪修，他越過尼蓮禪河到菩提迦耶，在菩提樹下思八聖道，夜睹明星豁然了悟一切，證得無上正等正覺，距今（2015）為 2,558 年。他從一位養尊處優的王子，透過不斷的修持，完全照見自己，悟道成佛。

佛陀成道後前往瓦拉那西，為憍陳如等人開示「苦、寂、滅、道」四聖諦是為初轉法輪或稱示轉法輪，為「阿含期」。之後在王舍城附近的靈鷲山二轉法輪或稱教轉法輪，講說般若，開示空性，是「般若期」。三轉法輪或稱證轉法輪，所講述為眾生本具如來藏之細分，開示一切種智究竟了義妙法，又稱「唯識期」。上述是以經教乘門的角度所作的分法。

佛陀當然也開示了金剛乘的教法，包括了四密續：事續、行續、瑜伽續和無上瑜伽續。佛陀分別在不同的地方開示密法。有時在天界如兜率天，有時在人間的印度多個地方。前來受教的都是修密咒的菩薩、勇父及空行母。經教的教法目的在了解法界的本質。金剛乘的教法透過生、

圓二次第的修持，及上師為弟子直指心性，這些殊勝的教法能令行者更快捷的達到佛果的成就。

二、佛入涅

佛在八十歲這年，發現跟他有宿世因緣的弟子皆已度盡，須宣說之教法皆已講畢，此世再也沒有要做的佛行事業了而選擇到拘尸那羅入涅。

三、佛法四期

1. **原始佛法期**：佛入滅後，其弟子分次集結佛的所有開示，並把這些法教加以保存。此期約在公元前 6 世紀中葉至公元前 5 世紀。

2. **闡釋法教期**：在佛法結集時，眾弟子對佛陀的法教作了不同的解釋。南傳佛法因此分為不同部派。這是第二期佛法的發展，約為公元前四世紀至公元一世紀。

3. **大乘教法期**：大乘佛法主要有唯識和中觀兩派，約在公元一世紀至七世紀，此期是大乘佛法的興起時期。在龍樹、無著、世親和其他佛法大師出現世間時，大乘佛法有了突破性的發展。

4. **金剛乘期**：金剛乘——佛陀教法第四期。金剛乘在印度並未普傳給弟子，因為時機尚未成熟，這些法教均被高度隱藏和保密。在薩惹哈（Saraha）、龍樹菩薩和其他大成就者的時代，金剛乘密續的修習才獲進一步弘揚。

四、金剛乘在西藏

公元七世紀在藏王松贊干布（King Songtsen Gampo）的時代，佛教傳入西藏。到了八世紀，藏王赤松德贊（King Trisong Detsen）在位期間，佛教開始在西藏生根。蓮花生大士（Acharya Padmasambhava）和寂護大

師（Abbot Shantirakshita）協助藏王，把佛教從印度傳入西藏，並把佛經翻譯成藏文。

五、藏傳四大教派

佛教在西藏經過數個世紀的發展後，有了舊派寧瑪傳承或稱紅教，薩迦教傳承或稱花教，格魯傳承或稱黃教，以及新派噶舉傳承或稱白教。

六、噶舉傳承

噶舉（Kagyu）藏文的含意分成兩部份：「口傳」（Ka）及「傳承」（gyu）。法教的傳授方式是：上師透過直接的口傳，將三身心要、四種成就等法傳給弟子，以確保法教正確無誤的延續。

噶舉傳承的祖師，是印度 84 位大成就者之一的大瑜伽士帝洛巴（Tilopa , 989-1069）。他除了修學釋迦牟尼佛的教法外，最重要的是他曾直接從法身金剛總持佛（Dorje Chang）的報身領受教法而證悟，之後將法傳給印度大學者那洛巴（Naropa）。他的弟子馬爾巴（Marpa Lotsawa）一生三次往返印度，將所學教法帶回藏區，傳授給包括大瑜伽士密勒日巴（Milarepa）在內的弟子們，密勒日巴的弟子是被佛陀預言的證悟者岡波巴（Gampopa）。岡波巴弟子中，最優秀的是：杜松虔巴(Düsum Khyenpa)——三世智即第一世噶瑪巴，當他還在世即預言他將轉世，並以「噶瑪巴」之名建立轉世系統。

七、噶瑪巴轉世系統的緣起

在第一世大寶法王所有弟子當中，成就極為殊勝的是卓貢仁千（Drogon Rechen），杜松虔巴選擇他為傳承的延續者，並囑付他將「噶舉傳承」守護好，將來他的轉世回來，再回傳給他。杜松虔巴還給了卓貢惹千一封信函，內有他轉世的時間、地點、父母親的名字等相關資料。

數年後，年老的卓貢惹千在圓寂前，將傳承和信函交付給他的弟子朋札巴（Pomdrakpa），並指派他為傳承持有者，在杜松虔巴轉世返回娑婆之前要堅守傳承教法。

十三世紀初，噶瑪巴希（Karma Pakshi）在去中藏求學途中遇見朋札巴。朋札巴立刻認出噶瑪巴希符合轉世信函中的徵兆，也就是師祖第一世噶瑪巴杜松虔巴的轉世，杜松虔巴也成了西藏的第一位祖古（tulku），噶瑪巴希成為第二世噶瑪巴。

噶瑪巴希——噶瑪國師 (1204-1283)，認出第一世噶瑪巴的轉世之後，朋札巴把從上師處所得之法教，無謬的回傳給第二世大寶法王，傳承的教法甘露從這個寶瓶又滴水不漏的倒回原來的寶瓶中。根據歷史記載，第二世大寶法王荼毘時，有無數不可思議的示現，噶瑪巴希的心臟、舌頭、眼睛沒有燒壞，骨頭上出現許多本尊形狀、種子字及右旋海螺等，以及無可計量的潔白舍利子。

噶瑪噶舉傳承殊勝之處，是上師弟子間以「口耳相傳，以心印心」的方式將殊勝的禪修法教傳遞下去。不中斷的傳承就如黃金念珠般持續下去，為表示對傳承上師們的敬意，故稱為「黃金珠鬘」。

迄今傳至第十七世大寶法王噶瑪巴鄔金欽列多傑。噶瑪巴建立了噶瑪噶舉傳承，他是噶舉傳承的中心導師，並且是藏傳佛教轉世制度的創始人，彰顯了菩薩「不住生死，不入涅槃」的慈悲精神。

就像大寶法王 2005 年在上密院有感而發所作的〈憶念蒼生情〉一樣，

善思如母眾，難忍無量苦，憶念蒼生情，世世永不離。

那樣的慈悲如潮水，滋潤著廣大的有情，像母愛子毫無疲厭；那樣的愛如廣闊的天空，一望無際，看顧著所有的眾生，未曾捨離。

〈附錄二〉第十六世大寶法王的三首詩作之一

美妙經驗喜悅之吼
〈Blissful Roal of Melodius Experience〉

光榮的吐龍谷楚布[42]是報身淨土，[43]
心靈至高的境界，
是一個無數空行母如雲相聚之地。
山後是富麗的陣容，
是紅觀音的淨土。
山之前是廣闊稠密的森林，
是忿怒尊的旋渦海洋。

是彌勒菩薩的淨土。[44]
讓我們去那個上師、本尊
和空行母如雲相聚的淨土。
已在法地豎起，[45]佛陀法教的勝利標竿；
讓我們在雪域高山及岡底斯山中，[46]
升起快樂的太陽和所有人的幸福。

---

42. 楚布寺是噶瑪巴在西藏的主寺，吐龍谷（Tölung）是寺的所在地河谷之名。

43. 這裡，一般是指報身淨土（Akanishtha），特別是指毗盧遮那佛（Vairocana）之淨土。

44. 彌勒佛（Maitreya）是未來佛。

45. 指西藏。

46. 岡底斯山（Kailash）是西藏西邊的一座聖山，是很多成就者閉關之地，包括密勒日巴。

「嘉瓦喇嘛尊者」一切佛陀法教之支柱，
您是偉大的如意寶。
以無量光彌漫各界，
「願您」恆常、安住和不變如鑽石一樣，
坐在拉薩紅宮之中眾獅舉起之黃金寶座上。

您的美妙的法教如布蘭瑪一樣湧出，[47]
在無盡的世界中，請轉法之三輪。
無比的本具智慧，您的心無礙的知道過去現在和未來。
您無偏的護佑佛陀法教，使之不退，更為增長。

希望您「統治」如三法王一樣，[48]
以佛法和世間的力量織成絲的結。
眾生將會多麼快樂和高興。
佛法被弘揚；
僧眾趾高氣揚；法之甘露如雨而下，
所有世界上的眾生都被帶入快樂之境。

雖然如虛空一樣多的眾生渴望快樂，
卻只累積痛苦。
初次自覺的一剎那，便從三界網中獲得自由。
讓我們把廣大世界帶入樂境，那被稱之為真正的和平，

---

47. 據說布蘭瑪（Brahma）的語，無論近遠都可以被聽到。

48. 藏王松貞干布（Songtsen Gampo）、赤松德贊（Trisong Deutsen）和赤惹巴間（Tri Ralpachen）。

從不可表達的那達 (nada)[49] 闊大境界之中，
跳躍出這快樂的歌。
讓我們一起快樂的舞蹈，
以歡悅的旋律來榮耀它。

第十六世嘉華噶瑪巴於藏曆鐵牛年（1961-1962年）5月17日，吟誦此詩句。詩句中充滿了慈悲，達卻雍度祕書長誠摯恭敬地請求法王准予付印。在法王同意後，於藏曆鐵牛年5月25日（1961年7月7日）在錫金隆德法輪中心付印，祝願因此，而所祈願的都能圓滿。英文翻譯是在堪千創古仁波切和林谷祖古仁波切（Ringu Tulku）指導下，蜜雪兒·瑪汀（Michele Martin）於1992，1994和2000年譯於紐約，並由尊敬的堪千創古仁波切註釋。

---

49. 當一切現象溶入它的本質之時，這是最後一點，最細微的一點，極細微到可以說是與空性一樣。

及時之歌：蜜蜂旋律優美的嗡嗡聲

這首歌是阿拉　阿拉　阿拉（ala），
它是塔拉　塔拉　塔拉（thala）。[50]
「阿拉」的意思是這是「未出生者之歌。」
「塔拉」是一個代表「喚起」的字。

如果你不認識這個地方，
它是報身淨土（Akanishtha）心輪所在。[51]
在榮耀的勝樂金剛的壇城中，[52]
主座正是多沃（Dowo）谷中的楚布寺。[53]

如果你認不出我這人是誰，
我屬於一個叫「丹」（den）家族傳承，有一個好的祖先，
如果你叫我的名字，我名叫日卓耶謝（Rigdröl Yeshe）[54]。

---

50. 對西藏人耳朵來說，阿拉和塔拉的聲音在詩中注入美妙的品質，它常見於西藏的詩中。

51. 報身淨土 (Akanishtha) 有多種意義；在此，它是以詩意表達楚布寺為一報身淨土 (sambhogakaya pure land)。三個噶瑪巴的主寺代表佛陀證悟的身語意：Kampo gangra，代表身；Karma gon，代表語；Tsurphu，代表意。

52. 噶舉傳承中主要本尊法之一。

53. 多沃 (Dowo) 是流經楚布寺的河，山谷因此得名。

54. 日卓耶謝 (Rigdröl Yeshe) 是第十六世噶瑪巴孩童時的名字，直到他八歲陞座之時。

是榮耀的達波噶舉傳承法教勝利的標竿。[55]

他們說，此標竿樹立在世俗諦的山頂，
在無間斷的傳承之後種下，旗幟高舉永不退轉。[56]
被父續口傳之精髓滋養，
是清淨本具智慧偉大的圓滿呈現。

從高聳雪山之域，此如土耳其玉一般的獅子鬃毛
彌漫未來的國家，他們說[57]
在這精緻的檀香木森林中，有一隻巨虎發出
強大的吼聲，牠發光的毛色如破曉的雲彩。[58]

他無止境的征服邪見之獸，
我所說的都是真理，是勝利者的力量，
以湖水的八種性質激發出的洪亮的迴響，[59]
如催促鴨子發出之愉快的聲音。[60]

在天空中，巨大和無垠，
日和月安置於其中，明亮而自然。[61]

---

55. Dakpo Lhaje 或岡波巴是第一世噶瑪巴杜松虔巴的上師。
56. 「此一系列事件」指不間斷的噶舉傳承法教。
57. 獅子鬃毛隱喻在西藏佛教的法教。
58. 老虎的金黃顏色代表珍貴的法。
59. 水的性質包括冷、甜、輕、柔、清、悅、益、寬心。
60. 湖與鵝喻法性的殊勝並如海一樣浩大。
61. 隱喻自性的明性，並充滿虛空。

最著名的叫做日卓 (Rigdröl)，
不停留，並且也不知道去何方。
天鵝把它的信賴放在湖裡，

但此湖，不可靠，結凍成冰。[62]
白獅把它的信賴放在雪地，
但是可好了，白雪吸引了太陽。[63]

希望所有被留在雪域西藏的大修行人
不受四種災難的影響。[64]
從不顯現的境界中，怙主蓮華生大士護佑著他們，
以他慈悲之鈎，鈎住他們避開災難。

願與我有緣的一切眾生，
都成就至高四身之果，
我現在不留下，我也未定去何處；
我會去經驗過去生業力之果。

春天時，一隻杜鵑鳥會來西藏。

---

62. 隱喻噶瑪巴是天鵝在他的楚布寺湖中。當中國派軍隊進入西藏占據寺院後，寺院不可居住如結冰的湖。

63. 獅子也就是噶瑪巴，他的主寺楚布寺在西藏雪域之中。陽光的熱能溶化了雪，是隱喻在文革時楚布寺遭到破壞，兩個隱喻，湖中的天鵝和雪山的獅子代表噶瑪巴雖然想留在楚布，但卻不可能。

64. 在這裡，噶瑪巴祈願，為那些不能離開出走的人會受到保護而避免四種災難：水淹、火燒等等。

它可愛的歌聲會刺激你心中的悲傷。
那時，你會好奇那個叫日卓的人那裡去了。
你會不會知道，你這依靠我的人，有說不出的憂傷？ [65]

在那一天，天鵝在湖邊優遊，
把他剛生出羽毛的鶵鵝丟在漸暗的湖中。[66]
在那一天，白色的禿鷹 [67] 衝入高空，
你會好奇，那個叫日卓的人在何方。

啊，小鶵鵝，我感受到你說不出的憂傷，
現在我不解說什麼；這不過是一個玩笑。
但是和絕對境界是合而為一的，
當十二年的週期眾鳥之王到來之時。 [68]

我祈願時，祈願我們在大樂中相聚，
今生，把它當成聽到的要點。
語是如回聲一樣不能被摧毀，
心是空性，與任何世俗不相關。

在修行道上，不取正面也不排除負面，

---

65. 指西藏的災難和人民所受極大的痛苦。

66. 再次，天鵝是噶瑪巴，出走到印度，小鵝是留下的西藏人民，特別指他的弟子。

67. 西藏有兩種禿鷹，白色和黑色，他們以比別的鳥都飛得高著名，是隱喻噶瑪巴。

68.「十二年週期」指十二生肖，「眾鳥之王」指雞年，那時第十七世噶瑪巴回到楚布寺，再開始他的佛行事業。

眾鳥之王[69]的舉止行為是由內在自我放鬆的。[70]
它的意義可以從一百種方式來檢驗，
勇氣和智慧覺醒吧(Ki so so)，[71]忿怒尊(Wermas)[72]在聚會。

　　在第十六甲子年的藏曆木猴年（1944 年），以上是第十六世噶瑪巴所著，
尊敬的堪千創古仁波切註解。

---

69. 在此，「眾鳥之王」指禿鷹，特別是牠的飛翔的方式，一沖登天並且在空中安祥的滑行。
70. 以上四句指在真實本性之中禪定。
71. 「Ki」指人的勇氣和智慧，「So」代表大聲的口哨，意義是「醒來！覺性！專注！」
72. 忿怒尊（Wermas）是護法神，具有無比的尊嚴和勇氣。

〈附錄四〉

一首歌

　　此歌是阿拉　塔拉　搭拉，（ala, thala, thala）
　　阿拉是它生起的方式，
　　塔拉是它在文字中被表達的方式。
　　在一個純淨的土地上，土耳其玉般的樹葉充滿，

　　在一座燦爛白貝殼的王座上
　　是長壽本尊，如母之度母。
　　我從心深處向她祈請。
　　希望長壽沒有任何障礙。

　　如果你認不出這個地方，
　　它是八蚌寺的關房。
　　如果你認不出像我這樣的一個人，
　　那裡是可愛的須克拉山谷上方

　　和可愛的須克拉山谷下方；
　　在兩個須克拉之間的地方 [73]

---

73. 這代表第十六世噶瑪巴誕生地，在兩個須克拉（Shukra）山谷之中，一端有河流通過。

是側章丹瑪後代一個孩子。[74]
如果你叫他的名字，名叫圖登格列。[75]

不是現在，而是久遠的明日，它將會被決定。
禿鷹和我知道該去何處。
禿鷹高揚到無垠的天空；
我們的人民不會留下，而到印度去。[76]

在春天，一隻杜鵑鳥來作客。
在秋天當農作物成熟時，它知道要去何處：
它唯一的想法是到印度的東部。[77]
在西藏高原上，居民們，無論高或低，

特別是您，大司徒，上師彌勒菩薩怙主，
停留在我們頭冠之上，
祝您的佛行事業，如安住在空中的日月，
持續不斷、平穩、沒有障礙。

---

74. 側章丹瑪 (Tshazhang Denma) 他是格薩爾王（Gesar of Ling）的大臣之一，他是偉大的西藏武士和蓮師的化身。

75. 圖登格列（Thubten Gelek）是第十六世噶瑪巴孩童時的名字。

76. 在此，噶瑪巴明顯的預言藏人未來出離去印度。

77. 根據杜鵑鳥的遷徒習性，牠春天來，秋天離去；正如此自然的法則噶瑪巴知道何時要離開西藏去印度東部，他將會居留在錫金隆德。

我祈請我們一再一再相會。[78]
希望上師、本尊和空行三根本
在逆境和障礙時保護他。
將此精確的意義保存於心的深處。

尊敬的堪千創古仁波切註解。

---

78. 噶瑪巴在此暗示以後發生的事實：當噶瑪巴轉世為第十七世噶瑪巴鄔金欽列多傑時，大司徒仁波切會再見到噶瑪巴。是大司徒仁波切找到了第十七世噶瑪巴，並負責照顧他；因此他們倆一再一再的相會。

法王噶瑪巴在北美第一座舍利塔

　　舍利塔在尊貴的蔣貢康楚仁波切、噶瑪天桑扎西果蒙（簡稱KTTG）的住持，以及尊貴的堪布卡塔仁波切、巴都仁波切及喇嘛扎西及喇嘛多傑等的智慧及慈悲的領導下，歷經了七個寒暑的建造。在許多個星期六夜裡，一群忠誠的佛友聚在一起，完成了十萬個小佛塔，並為佛塔底部填滿一卷卷的祈願經文。舍利塔中並放置了許多大成就者彌足珍貴的舍利子，像是釋迦牟尼佛、蓮花生大士、帝洛巴、馬爾巴、密勒日巴、惹瓊巴、第十六世大寶法王、創巴仁波切等。

　　此塔於 1996 年的 7 月 6 日由波卡仁波切、堪布洛卓東揚仁波切、巴都仁波切、堪布卡塔仁波切及西藏的喇嘛們一起主持開光儀式。這是一場分享忠誠的優雅慶典。

　　第十六世大寶法王身著法袍、頭戴黑寶冠的塑像被放在舍利塔上的前方，俯視群山遙望無數的生靈，給予六道眾生無限的加持。當山風陣陣吹拂時，也送來法王對所有眾生的守護。

　　夢中，諸佛離我們而去……
　　高聳入雲的舍利塔訴說我們對佛的思念——不曾停息
　　堅固的塔身猶如我們對佛的感恩——浩瀚彌堅
　　塔在，佛在。
　　諸佛，未曾離開。
　　諸佛給我們的加持，恆時存在。

〈附錄六〉

珍貴血寶丸的由來

　　尊貴大寶法王噶瑪巴在北美主座的住持——堪布卡塔仁波切，於2010年底的彌陀法會期間，特別為我們講述「血寶丸」的歷史淵源。

　　當第十六世大寶法王在1981年圓寂之前，曾經在美國伊利諾州錫安鎮的一家醫院接受治療，當時因為需要所以抽了一些血。抽完血之後，大寶法王把四瓶從他身上抽出來的血，小心翼翼地裝在信封裡，蓋上封印用哈達包好，親自交給堪布卡塔仁波切，並指示他要好好的保管這四瓶血。

　　法王圓寂之後，仁波切心想，法王會把這四瓶血交給他，一定有特別的用意，應該是要用來利益眾生的，於是就將其中的一瓶交給喇嘛剛嘎。喇嘛剛嘎後來也圓寂了，因此那一瓶就供養給了創古仁波切。

　　堪布卡塔仁波切當年手上有三瓶第十六世大寶法王所留下來的血，他就用這些血做甘露丸，所以我們稱之為「血甘露丸」或「血寶丸」。

　　既然法王所留下來的血是為了利益眾生，因此仁波切當年到台灣弘法時，就把這些珍貴的血所做成的甘露丸帶在身上，並把它們送給前來聽課的佛友們，希望他們都能夠得到血寶丸的加持。

　　之後，陸陸續續有許多人跟仁波切說，血寶丸真的具有特殊的加持力，不論是對生病或臨終者都有很大的幫助，甚至是重病的人要臨終了，吃下血寶丸後，病情還能恢復過來，許多人都覺得很不可思議，因此很

多弟子不斷地向仁波切請求血寶丸。

　　仁波切當時做這些血寶丸時並沒有私心，也沒有要保留給自己，已經做好的血寶丸，就這樣慢慢地給了在世界各地的弟子們。當然還有很多的血寶丸，仁波切是用來為佛像、寶塔、舍利塔裝藏的，除此之外，也供養給錫度仁波切、嘉察仁波切以及蔣貢仁波切每位各一小瓶。到目前為止，第十六世大寶法王當年交給仁波切的血已經用去了兩瓶，現在還剩下最後的一瓶。既然血寶丸有如此神奇的加持力和功效，而且是無上珍貴的寶物，這次為了大寶法王在北美的主要道場——噶瑪三乘法輪寺KTD募款，仁波切願意把他最珍貴的血寶丸與更多的功德主們結緣，所以他準備把最後一瓶拿出來做更多的血寶丸與大家結緣，希望對佛友們能有助益，因為血寶丸具有第十六世大寶法王非常殊勝的不共加持力存在，因此也希望能夠幫助更多有緣的善信大德。

　　仁波切說道，每一顆血寶丸都是他親手不斷地搓揉出來的，而且每次只能做兩顆，每顆都非常堅實，必須用力咬才會碎。仁波切今年91歲了，恆常以持咒及念誦祈請文為眾生祈福，在製作血甘露丸的過程中，他老人家也寧靜地將無限的祝福與加持，一遍又一遍地揉進這一顆顆的血寶丸之中，藉著它，讓大家感受到上師對所有眾生的愛護及慈悲，以及第十六世大寶法王留給後世弟子最珍貴的心血加持。

　　注：由於十六世大寶法王留下的珍貴殊勝的血、十七世大寶法王親自加持的舍利塔，及卡塔仁波切為上師佛行事業毫無保留的奉獻，加上世界各地四眾具緣弟子，尤其是華人弟子不遺餘力的慷慨解囊，KTD所有建寺工程款已於2014年全部清償完畢，隨喜讚嘆諸功德。尊者2006年說過了，當寺院圓滿了，十七世大寶法王就會回來了，祈願法王早日隨心所欲的到世界各地弘揚教法，讓更多輪迴眾生得遇法王，在其座下

受教，以解脫輪迴的苦海。

祈願教法昌盛，法王蓮足永固，所有弘法上師佛行事業無礙，世界和平，眾生早證正覺。

祈願法王及傳承上師佛足所到之處，國邑丘聚，靡不蒙化。天下和順，日月清明。風雨以時，災厲不起。國豐民安，兵戈無用。崇德興仁，務修禮讓。國無盜賊。無有怨枉。強不凌弱，各得其所。噶瑪巴千諾

參考書目

一、英文參考書目

• Caleb Melby(2012) ,The Zen of Steven Jobs . California: Forbes LLC.

• Karma Thinley (2001), History of 16 Karmapas. Massachusetts: Shambhala Publication, Inc.

• Mick Brown(2004) ,The Dance of 17 Lives : The Incredible True Story of Tibet's 17th Karmapa. Bloomsbury USA.

• Raj Kotwal(2013), God's own death. M.R. Kotwal.

• Thomas Pardee and Susan Skolnick , Eric Swanson (1991) , Karmapa the Sacred Prophecy. New York: Kagyu Thunten Choling.

• Tulku Urgyen Rinpoche and Erik Pema Kunsang(2005),Blazing Splendor: : The Memoirs of Tulku Urgyen Rinpoche. Kathmandu: Rangjung Yeshe Publications

• The Karmapa Ogyen Trinley Dorje and Michele Martin(2003) ,Music In The Sky: The Life, Art, And Teachings Of The 17Th Karmapa Ogyen Trinley Dorje.New York:Snow Lion.

• Shunryu Suzuki(2011) ,Zen mind beginner's mind. Massachusetts: Shambhala Classics.

二、中文參考書目

- 蜜雪兒·瑪汀著（2009），陳玲瓏譯，《獅子吼—少年噶瑪巴》，台北：原動力文化。

- Thomas Pardee and Susan Skolnick , Eric Swanson（2000），《噶瑪巴—神聖的預言》，台北：慧眼雜誌社。

三、參考網站

- 世界祈願法會（Kagyu Monlam Blog）〈對十六世大寶法王的追憶〉（Memories, Dreams and Reflections of the 16th Karmapa）https://monlam.wordpress.com/16th-karmapa-memories/

- 秋陽創巴仁波切的香巴拉世界（Chronicles of Chögyam Trungpa Rinpoche）〈尊聖的十六世噶瑪巴的故事〉（Stories of His Holiness the 16th Karmapa）http://www.chronicleproject.com/stories_202.html

- 《第十六世大寶法王的生命故事》，第三世蔣貢康楚仁波切著 http://himalaya.socanth.cam.ac.uk/collections/journals/bot/pdf/bot_1982_01_02.pdf

- 《第十六世大寶法王故事》，確切仁波切講述，阿尼妙融中譯。http://www.hwayue.org.tw/HY/teachings/choeje/20080628

- 中國金剛乘學會 http://vajrayana.org.tw/

- 欽哲基金會〈宗薩欽哲仁波切談佛教大護法系列之五——藏王松贊干布(Songtsen Gampo)〉http://khyentsefoundation.org/chinese/patronking/patronking-5.html

- 八蚌全球網路中心 http://www.palpung.org/chineset/taisitupa/brief_brief.

htm

- 蔣貢康楚仁波切傳記 http://www.kalu.org.tw/article/na3-1.htm

- 十七世大寶法王噶瑪巴官方中文網 http://www.kagyuoffice.org.tw

- 第九世堪千創古仁波切官方中文網 http://www.thrangu.org/

- "Dharma Centre of Canada" http://www.dharmacentre.org

- "Jamgon Kongtrul Labrang" http://www.jamgonkongtrul.org/section. php?s1=2&s2=3

- "The Karma Kagyu Lineage" http://www.kagyu.org/kagyulineage

- "Bird's Eye View - around Samye Ling" http://www.samyeling.org/about/ samye-ling-drone-video/

國家圖書館出版品預行編目 (CIP) 資料

見即解脫：尊聖的第十六世大寶法王噶瑪巴傳記
與教言 / 報恩作 . -- 初版 . -- 新北市：眾生文化，
2016.01

256 面；17x22 公分 . -- (噶瑪巴嘉言；13)
ISBN 978-986-6091-54-4 (平裝)

1. 大寶法王十六世 (Karma-pa XVI, 1924-1981)
2. 藏傳佛教 3. 佛教傳記
226.969   104026476

噶瑪巴嘉言 13

見即解脫——尊聖的第十六世大寶法王噶瑪巴傳記與教言

作　　　者	報恩
發　行　人	孫春華
社　　　長	妙融法師
總　編　輯	黃靖雅
執 行 主 編	戴惠莉
版 面 構 成	蘇麗萍
封 面 設 計	大象設計
行 銷 企 畫	劉凱逢
發 行 印 務	黃志成
封面照片提供	第十七世大寶法王　噶瑪巴

台 灣 發 行　　眾生文化出版有限公司
　　　　　　　地　址：220 新北市板橋區四川路二段 16 巷 3 號 6 樓
　　　　　　　電　話：02-8967-1025　　　傳　真：02-8967-1069
　　　　　　　劃撥帳號：16941166　　　　戶　名：眾生文化出版有限公司
　　　　　　　電子信箱：hy.chung.shen@gmail.com　　網　址：www.hwayue.org.tw

臺 灣 總 經 銷　　飛鴻國際行銷股份有限公司
　　　　　　　地　址：231 新店市中正路 501-9 號 2 樓
　　　　　　　電　話：886-2-8218-6688　　　傳　真：886-2-8218-6458

香 港 經 銷 點　　里人文化事業有限公司
　　　　　　　地　址：香港新界荃灣橫龍街 78 號正好工業大廈 22 樓 A 室
　　　　　　　電　話：852-2419-2288　　　傳　真：852-2419-1887
　　　　　　　電子信箱：anyone@biznetvigator.com

初版一刷	2016 年 3 月
Ｉ Ｓ Ｂ Ｎ	978-986-6091-54-4（平裝）
定　　價	399 元